高等职业教育船舶与海洋工程装备类专业新形态教材

船舶模拟电子技术基础

主　编　王丽琴
副主编　段丽华　冯海侠
参　编　刘九泽
主　审　王　宇

北京理工大学出版社
BEIJING INSTITUTE OF TECHNOLOGY PRESS

内容提要

本书是船舶电气工程技术相关专业的配套教材。全书分为 5 个项目 21 个任务，主要内容包括常见半导体器件识别与检测、小信号放大与信号处理电路装接与测试、功率放大电路装接与测试、直流稳压电源的制作与测试、正弦波信号发生电路。全书配有21个微课视频，并在相应位置提供了二维码链接，读者可以通过扫码学习，有助于翻转学习、混合学习、移动学习、碎片化学习等新型学习方式的实现。

本书可作为船舶电气工程技术专业、船舶通信与导航专业教材，也可作为船舶类相关专业和广大工程技术人员参考书。

版权专有　侵权必究

图书在版编目(CIP)数据

船舶模拟电子技术基础 / 王丽琴主编. --北京：北京理工大学出版社，2021.10（2021.11重印）

ISBN 978-7-5763-0527-2

Ⅰ.①船… Ⅱ.①王… Ⅲ.①船用电气设备—电子技术　Ⅳ.①U665

中国版本图书馆CIP数据核字（2021）第212330号

出版发行 / 北京理工大学出版社有限责任公司	
社　　址 / 北京市海淀区中关村南大街5号	
邮　　编 / 100081	
电　　话 / （010）68914775（总编室）	
（010）82562903（教材售后服务热线）	
（010）68944723（其他图书服务热线）	
网　　址 / http://www.bitpress.com.cn	
经　　销 / 全国各地新华书店	
印　　刷 / 河北鑫彩博图印刷有限公司	
开　　本 / 787毫米×1092毫米　1/16	
印　　张 / 10.5	责任编辑 / 阎少华
字　　数 / 278千字	文案编辑 / 阎少华
版　　次 / 2021年10月第1版　2021年11月第2次印刷	责任校对 / 周瑞红
定　　价 / 37.00元	责任印制 / 边心超

图书出现印装质量问题，请拨打售后服务热线，本社负责调换

前言

加快发展现代职业教育，对于发挥我国人力和人才资源巨大优势、提升实体经济综合竞争力具有重要意义。本书依据船舶类相关院校人才培养目标，以模拟电子技术理论学习和实践技能训练为主体，结合模拟电子技术在船舶中的应用实例，力求使船舶电气相关专业的高职学生对模拟电子技术的基本概念、基本电路、基本原理和基本分析方法有一个清晰的了解，并能对简单电子电路进行定性分析和定量工程估算，为学生学习后续专业课程、从事专业工作打下扎实基础。

本书内容安排上遵循由浅入深、循序渐进的原则，力求简明扼要，通俗易懂，具有较强的针对性和适用性，采用"项目导向、任务驱动"的模式，在保证基础理论的同时注重应用技能锻炼。全书共分为5个项目，包含21个任务，主要内容包括常见半导体器件识别与检测、小信号放大与信号处理电路装接与测试、功率放大电路的装接与测试、直流稳压电源的制作与测试、正弦波信号发生电路知识。全书配有PN结、半导体二级管、晶体管的结构与类型、差动放大电路、集成运放、功率放大电路的特点与分类等21个微课资源，并在相应位置提供了二维码链接，读者可以通过扫码学习。

本书由渤海船舶职业学院王丽琴担任主编，渤海船舶职业学院王宇主审，渤海船舶职业学院段丽华、冯海侠担任副主编，北方广电网络股份有限公司葫芦岛分公司技术部刘九泽参编和技术指导。项目1中任务1.1和任务1.2由冯海侠编写，任务1.3由刘九泽编写，项目1中任务1.4和项目2由王丽琴编写，项目3、项目4和项目5由段丽华编写。全书21个微课由王丽琴制作。全书由王丽琴统稿。

本书在编写过程中，得到了渤海船舶职业学院电气工程系领导和电工电子教研室同事的帮助和支持，在此表示感谢！

由于编者水平有限，书中难免存在不当和误漏之处，恳请广大读者批评指正。

编 者

目录

Contents

项目1　常用半导体器件识别与检测 ··········· 1

任务1.1　半导体二极管的识别与检测 ··········· 1

任务1.2　晶体管的识别与检测 ··········· 12

任务1.3　场效应晶体管的识别与检测 ··········· 22

任务1.4　船舶应用实例分析 ··········· 28

项目2　小信号放大与信号处理电路装接与测试 ··········· 35

任务2.1　放大的概念和放大电路的性能指标 ··········· 36

任务2.2　共发射极放大电路的装接与测试 ··········· 42

任务2.3　共集电极与共基极放大电路的装接与测试 ··········· 53

任务2.4　多级放大电路 ··········· 60

任务2.5　差动放大电路 ··········· 65

任务2.6　集成运放及其应用 ··········· 70

任务2.7　放大电路中的反馈 ··········· 82

任务2.8　滤波器 ··········· 92

任务2.9　船舶应用实例分析 ··········· 96

项目3　功率放大电路的装接与测试 ··········· 106

任务3.1　基本功率放大电路 ··········· 106

任务3.2　集成功率放大电路 ··········· 118

项目4 直流稳压电源的制作与测试 ········ 124

任务4.1 整流电路的装接与测试 ········ 124
任务4.2 滤波电路的装接与测试 ········ 130
任务4.3 稳压电路的装接与测试 ········ 135
任务4.4 船舶应用实例分析 ········ 141

项目5 正弦波信号发生电路 ········ 146

任务5.1 正弦波振荡的基础知识 ········ 146
任务5.2 常用正弦波振荡电路 ········ 148

参考文献 ········ 161

项目 1　常用半导体器件识别与检测

📋 项目描述

半导体器件如半导体二极管、晶体管及场效应晶体管等，是由半导体材料经过特殊加工制成的性能可控的器件。它是构成各种电子电路的基本元件。半导体器件在船舶中的常见应用如下：

- 光电传感元件。
- 船舶电子电路。
- 船舶系统控制面板指示灯。

📋 项目分析

本项目从半导体基础知识和 PN 结入手，先学习半导体二极管、晶体管及场效应晶体管的结构、符号、主要参数，半导体二极管、晶体管的识别与检测方法，然后介绍半导体二极管、晶体管在船舶实际电路中的简单应用。

🧰 相关知识和技能

1. 半导体材料的特点。
2. 半导体二极管的结构、符号、基本特性、主要参数及应用。
3. 晶体管的结构、符号、基本特性、主要参数及应用。
4. 场效应晶体管的结构、符号、基本特性。
5. 半导体二极管、晶体管的识别与检测方法。

任务 1.1　半导体二极管的识别与检测

🧰 任务目标

1. 知识目标

- 了解半导体基础知识，PN 结的形成与特点。
- 认识二极管的结构和单向导电性。
- 了解二极管的主要应用。

2. 能力目标

- 能够从外观上识别二极管的极性。
- 能够利用万用表判断二极管的极性及质量好坏。
- 能够制作、调试、测量含有二极管的简单电路，如整流电路、限幅电路等。

知识准备

半导体基础知识

1.1.1 半导体基础知识

半导体是一种导电性介于绝缘体(如陶瓷、橡胶)和导体(如金属)之间的材料。目前用于制造半导体器件的材料有硅(Si)、锗(Ge)、砷化镓(GaAs)、磷化铟(InP)等。物质原子结构决定其导电性能,常用的半导体材料硅和锗均为四价元素,最外层有 4 个电子,它们既不像导体那么容易挣脱原子核的束缚,也不像绝缘体那样被原子核束缚得那么紧,因而其导电性介于导体和绝缘体之间。

半导体电的特性不是很稳定,半导体材料的电导率会随着温度、光强和材料自身杂质含量的变化而变化。

1. 本征半导体

制造半导体器件首先需要有本征半导体,纯净的具有晶体结构的半导体称为本征半导体。晶体中的原子在空间中形成排列整齐的点阵,称为晶格。由于相邻原子之间的距离很小,因此,每个原子最外层的电子(价电子)不但受自身原子核的束缚,围绕自身的原子核运动,同时受到相邻原子核的吸引,出现在相邻原子所属的轨道上,为两个原子所共有,成为共用电子,这样的组合称为共价键结构,如图 1-1 所示。

(1)两种载流子。物质内部运载电荷的粒子称为载流子,物质的导电能力取决于载流子的数目。本征半导体在 0 K 时,价电子无法摆脱共价键的束缚,不能成为自由电子,本征半导体内没有载流子,不能导电,相当于绝缘体。随着光照或温度的上升,部分电子从外界获得一定的能量,脱离共价键束缚而成为自由电子,同时在原来共价键的位置留下一个空位,这个空位称为空穴。自由电子带负电,原子因失掉一个价电子而带正电,或者说空穴带正电。在本征半导体中,自由电子与空穴是成对出现的,即自由电子与空穴数目相等,如图 1-2 所示。这样,若在本征半导体两端外加一电场,一方面自由电子将产生定向移动,形成电子电流;另一方面由于空穴的存在,价电子将按一定的方向依次填补空穴,也就是说空穴也产生定向移动,形成空穴电流。由于自由电子和空穴所带电荷极性不同,所以,它们的运动方向相反,本征半导体中的电流是两个电流之和,即本征半导体有两种载流子,自由电子和空穴均参与导电。

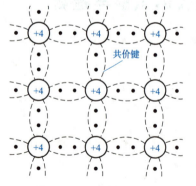

图 1-1 硅和锗的共价键结构

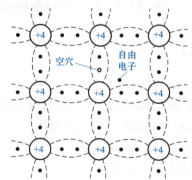

图 1-2 本征半导体中的自由电子和空穴

(2)本征半导体的导电性。晶体中的共价键具有很强的结合力,在常温下,仅有极少数的价电子能挣脱共价键的束缚变为自由电子，因此，本征半导体的导电性能很弱，且与环境温度密切相关。在一定范围内，随着温度升高，其导电能力会迅速提高，这一特性称为本征半导体的热敏性；另一方面，本征半导体的导电性也会随光照强度的增加而增强，这一特性称为本征半导体的光敏性。另外，通过掺杂也能提高半导体的导电性。

2. 杂质半导体

通过扩散工艺，在本征半导体中掺入少量合适的杂质元素，便可得到杂质半导体。按掺入的杂质元素不同，杂质半导体可形成 N 型半导体和 P 型半导体。通过控制掺入杂质元素的浓度就可控制半导体的导电性能。

(1) N 型半导体。在本征半导体中掺入五价元素（如磷、砷等），使之取代晶格中硅原子的位置，就形成了 N 型半导体。由于杂质原子的最外层有 5 个价电子，所以，除与周围硅原子形成共价键外，还多出一个电子，如图 1-3 所示。

多出的电子不受共价键的束缚，只需获得很少的能量，就会成为自由电子。尽管只加入了微量的五价元素，但加入的杂质原子的个数很多，这样，每个杂质能提供一个自由电子；因而，自由电子的数目会大大增加，杂质半导体的导电性也会大大提高。在 N 型半导体中，自由电子的数目大于空穴的数目，故将其称为多数载流子，简称为多子；空穴称为少数载流子，简称为少子。

(2) P 型半导体。在本征半导体中掺入三价元素（如硼、铟），使之取代晶格中硅原子的位置，就形成了 P 型半导体。由于杂质原子的最外层有 3 个价电子，所以，当它们与周围的硅原子形成共价键时，由于缺少一个价电子而形成空穴，如图 1-4 所示。在 P 型半导体中，空穴为多子，自由电子为少子，主要靠空穴导电。与 N 型半导体相同，掺入的杂质越多，多子的浓度就越高，导电性能也就越强。

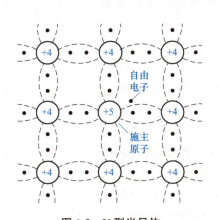

图 1-3　N 型半导体

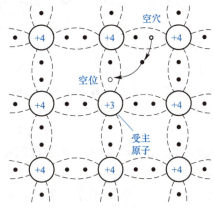

图 1-4　P 型半导体

需要特别强调的是，尽管 N 型半导体中存在大量的自由电子，P 型半导体中存在大量的空穴，但是它们都是电中性，只是掺杂后导电性明显增加了。

3. PN 结及其单向导电性

采用不同的掺杂工艺，将 N 型半导体与 P 型半导体制作在同一块硅片上，在它们的交界面就形成了 PN 结。

(1) PN 结的形成。物质只要有浓度差，就会产生扩散运动。当把 P 型半导体和 N 型半

PN 结

导体制作在一起时,在它们的交界面,两种载流子的浓度差很大,因而 P 区的空穴必然向 N 区扩散,与 N 区界面附近的自由电子复合而消失,与此同时,N 区的自由电子也必然向 P 区扩散,与众多空穴完成复合,如图 1-5 所示。P 型半导体和 N 型半导体在复合之前都是电中性的,但经过复合后,P 区一侧失去空穴留下不能移动的负离子,N 区一侧失去电子留下不能移动的正离子,这样,在交界面两侧出现了不能移动的正、负离子形成的空间电荷区,从而形成内电场,随着扩散运动的进行,空间电荷区加宽,内电场增强,其方向由 N 区指向 P 区,正好阻止了扩散运动的进行。

另外,在内电场的作用下,N 区的少子空穴向 P 区运动,P 区的少子电子向 N 区运动,这种在电场作用下少子的定向运动称为漂移运动。如图 1-6 所示,少子的漂移运动和多子的扩散运动方向相反,当它们达到动态平衡时,将形成稳定的空间电荷区,称为 PN 结,这一区域也称为耗尽层。

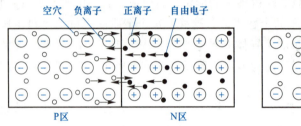

图 1-5 PN 结中多子的扩散

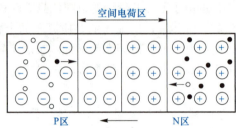

图 1-6 PN 结中空间电荷区的形成

当 P 区与 N 区杂质浓度相等时,负离子区与正离子区的宽度也相等,称为对称 PN 结;而当两边杂质浓度不同时,浓度高的一侧离子区宽度低于浓度低的一侧,称为不对称 PN 结。

(2) PN 结的单向导电性。PN 结是构成二极管、三极管等各种半导体器件的基础。对于 PN 结而言,当外加电压极性不同时,PN 结将表现出不同的导电性能。

① 加正向电压,PN 结导通。在 PN 结两端外加电源,如果外加电压使 PN 结中的 P 区电位高于 N 区电位,则说明 PN 结加了正向电压,也叫作正向偏置或正偏,如图 1-7 所示。此时,电路中有较大的正向电流,称为 PN 结导通。PN 结导通时,PN 结的结压降上只有零点几伏的压降,因而,应在它所在的回路中串联一个电阻,以限制回路的电流,防止 PN 结因正向电流过大而损坏。

② 加反向电压,PN 结截止。在 PN 结两端外加电源,如果外加电压使 PN 结中的 P 区电位低于 N 区电位,则说明 PN 结加了反向电压,也叫作反向偏置或反偏,如图 1-8 所示。此时,电路中只有较微弱的反向电流,称为 PN 结截止。

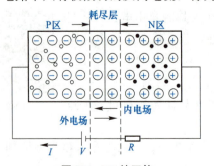

图 1-7 PN 结正偏

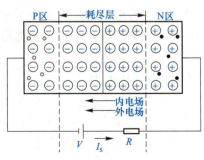

图 1-8 PN 结反偏

人们将 PN 结正向导通、反向截止的特性称为 PN 结的单向导电性。

1.1.2 半导体二极管及其应用

将 PN 结的两端加上电极引线，并用外壳封装起来，就构成了半导体二极管，简称二极管，用 VD 或 D 表示。由 P 区引出的电极为阳极，由 N 区引出的电极为阴极，其图形符号如图 1-9 所示。二极管同样具有单向导电性。

图 1-9 二极管的符号

半导体二极管

1. 二极管的分类

半导体二极管按照制造材料可分为硅二极管和锗二极管；按其结构可分为点接触型二极管、面接触型二极管和平面型二极管，面接触型二极管的 PN 结面积大，能够流过较大的电流，但其结电容大，因而只能在较低频率下工作，适合作为整流管使用，点接触型二极管适用于高频电路和小功率整流，平面型二极管是集成电路中常见的一种形式，结面积较大的可用于大功率整流，结面积小的可作为脉冲数字电路中的开关管；按封装形式可分为塑料封装二极管和金属封装二极管；按功率可分为大功率、中功率和小功率二极管；按用途可分为整流、稳压、开关、发光、光电、变容等二极管。二极管的实物如图 1-10 所示。

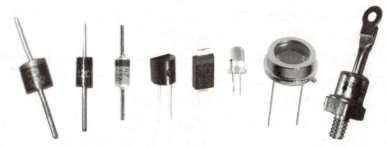

图 1-10 半导体二极管

2. 二极管的伏安特性曲线

流过二极管的电流与其两端电压之间的关系曲线称为二极管的伏安特性曲线，常用伏安特性曲线来形象地描述二极管的单向导电性，它可以通过测试电路测试出来，图 1-11 所示为测试电路，图 1-12 所示为硅二极管和锗二极管的伏安特性曲线。

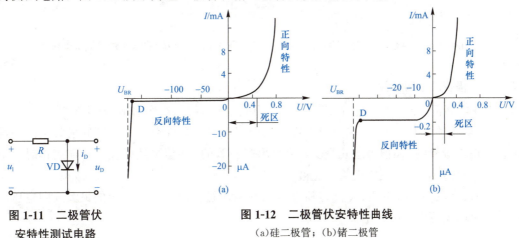

图 1-11 二极管伏安特性测试电路

图 1-12 二极管伏安特性曲线

(a)硅二极管；(b)锗二极管

(1)正向特性。当加在二极管两端的正向电压数值较小时,正向电流几乎为零,可以认为二极管是不导通的,对应的这部分区域称为死区,只有电压大到一定值时,才有电流出现,这个电压被称为二极管的门限电压,也称为死区电压或阈值电压。死区电压的大小与材料有关,一般硅二极管的死区电压为 0.5 V,锗二极管的死区电压为 0.1 V。

在克服死区电压后,正向电流增大,二极管开始导通,这时正向电压稍有增大,电流就会急剧增大,因此,二极管的正向电压变化范围很小,硅二极管的正向导通电压为 0.6~0.8 V,常取 0.7 V;锗二极管的正向导通电压为 0.2~0.4 V,常取 0.3 V。

(2)反向特性。当二极管两端加上反向电压,且反向电压小于一定数值时,其反向电流的值总是很小(微安级),而且基本不变,此时的电流称为反向饱和电流。一般硅管的反向饱和电流比锗管的反向饱和电流小很多。但所加的反向电压若增加到某一数值时,二极管反向电流会急剧增大,称为二极管被反向击穿,使二极管反向击穿时所对应的反向电压则称为反向击穿电压,用 U_{BR} 表示。处于反向击穿下的二极管将失去单向导电性。

二极管的击穿有电击穿和热击穿两种。电击穿不是永久性击穿,当反向电压去掉后,二极管能恢复正常特性;而热击穿为永久性击穿,当反向电压去掉后,二极管不能恢复正常特性,在实际应用中应避免这种情况的发生。

3. 常用二极管等效模型

由二极管组成的电路是非线性电路,在分析电路时,常用一些模型来代替二极管,将非线性的二极管电路转化为线性的二极管电路来分析求解。

(1)二极管的理想模型。该模型将二极管看成一个开关。加正向电压,二极管导通,即开关闭合,二极管两端的电压 $U_D=0$;加反向电压,二极管截止,即开关断开,流过二极管的电流 $I_D=0$。理想二极管模型伏安特性如图 1-13 所示。

(2)二极管的恒压降模型。这种模型的二极管也相当于一个开关,它将二极管看作理想二极管和一个恒压源的串联组合,恒压源的电压 U_D 为二极管的导通电压(硅二极管 0.7 V,锗二极管 0.3 V),二极管加正向电压大于 U_D 时导通,开关闭合;加正向电压小于 U_D 或加反向电压时,开关断开。二极管恒压降模型伏安特性如图 1-14 所示。该模型常用于近似分析,是较常使用的模型。

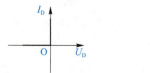

图 1-13 二极管的理想模型伏安特性　　图 1-14 二极管的恒压降模型伏安特性

4. 二极管的主要参数

为了能够正确、合理地使用二极管,应了解其相关参数。二极管的主要参数如下:

(1)最大整流电流 I_{FM}。它是指二极管长期工作时,允许通过二极管的最大正向平均电流。一般二极管的 I_{FM} 值可达几毫安,大功率二极管的 I_{FM} 值可达几安。长期工作时,工作电流不要超过 I_{FM},否则二极管可能被烧毁。

(2)最高反向工作电压 U_{RM}。它是保证二极管不被反向击穿而规定的最大反向电压,一般约为反向击穿电压的一半。

(3) 反向饱和电流 I_S。它是二极管未击穿时的反向电流值。I_S 越小，二极管的单向导电性越好。

(4) 最大功耗 P_M。它是保证二极管安全工作所允许的最大功率损耗。

(5) 直流电阻 R_D。它是二极管伏安特性曲线上工作点所对应的直流电压和直流电流之比。平时用万用表测量出的二极管的电阻就是直流电阻，一般二极管正向直流电阻为几十至几百欧姆，反向直流电阻为几千至几百千欧。

(6) 交流电阻 r_d。通常二极管的正向交流电阻在几到几十欧姆之间。

(7) 最高工作频率。它指二极管工作时的上限频率，当通过二极管的电压、电流频率超过此值时，二极管的单向导电性会变差。

5. 常见的二极管及应用

不同种类的二极管，其功能也不尽相同。下面将介绍几种常见的二极管及其应用。

(1) 稳压二极管。稳压二极管又称为齐纳二极管，简称稳压管，在电路中与适当数值的电阻配合后能起到稳压的作用。稳压二极管的符号和特性曲线如图 1-15 所示。

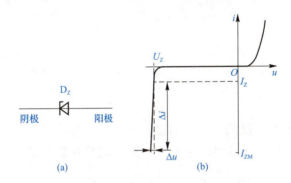

图 1-15　稳压二极管的符号和特性曲线
(a) 稳压二极管的符号；(b) 稳压二极管的伏安特性

稳压二极管反向击穿电压较低，在反向击穿时，在一定的电流范围内，端电压几乎不变，表现出稳压特性，因而广泛用于稳压电源与限幅电路之中。稳压二极管的稳定电压 U_Z 的变化范围为 3.3～75 V。

【例 1-1】　在图 1-16 所示的电路中，稳压二极管的稳定电压 $U_Z = 3.6$ V，分别求出电压 $U_S = -2$ V、$U_S = 6$ V、$U_S = -8$ V 时，流过稳压管的电流 I 和稳压管两端的电压 U。

解：当 $U_S = -2$ V 时，稳压二极管反向偏置，但反向电压值绝对值低于 3.6 V，稳压管处于关断状态，所以 $I = 0$ A，$U = -2$ V。

当 $U_S = 6$ V 时，稳压二极管正偏导通，$U = 0.7$ V，电流 I 为

$$I = \frac{6\text{ V} - 0.7\text{ V}}{2\text{ k}\Omega} = 2.65 \text{ mA}$$

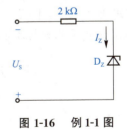

图 1-16　例 1-1 图

当 $U_S = -8$ V 时，稳压二极管反向偏置，且反向电压值绝对值大于 3.6 V，稳压管处于击穿稳压区域，所以 $U = -3.6$ V，电流 I 为

$$I = \frac{-8\text{ V} + 3.6\text{ V}}{2\text{ k}\Omega} = -2.2 \text{ mA}$$

(2) 发光二极管。发光二极管(LED)是一种将电能转换为光能的半导体器件，常用于照明

和显示。发光二极管也具有单向导电性，当有足够大的正向电流流过发光二极管时，它就能发光。发光二极管能够发出可见光、不可见光、激光等不同类型的光，半导体二极管的发光颜色取决于所用材料。发光二极管的开启电压比普通二极管大，红色的为 1.6~1.8 V，绿色的约为 2 V，其电路符号和实物如图 1-17 所示。

（3）光电二极管。光电二极管是具有光电检测功能的半导体器件。其电路符号和实物如图 1-18 所示。光电二极管有两个主要的工作模式——光伏模式和光导模式。在光伏模式下，二极管在零偏压状态，当光照射二极管时，产生导致正向偏压的电流。该模式下的光电二极管串联或并联后能用于太阳能电池。光导模式中光电二极管工作在反向偏置状态，无光照时，光电二极管在反向电压的作用下，有很小的反向电流（一般小于 1 μA），在有光照时，其反向电流随光照强度的增加而上升，该模式常用于遥控、报警及光电传感器，如在船舶烟雾探测和转速测量中。

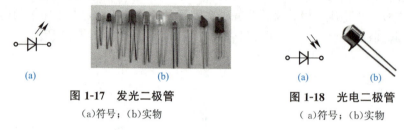

（a）　　　　　　　　（b）　　　　　　　　　　　　（a）　　　（b）

图 1-17　发光二极管　　　　　　　　　图 1-18　光电二极管

（a）符号；（b）实物　　　　　　　　　　（a）符号；（b）实物

6. 二极管的应用

二极管在电路中有着广泛的应用，利用其单向导电性，可组成整流、限幅、检波电路，还可以用于元件保护，以及在数字电路中作为开关元件等。

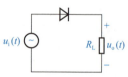

图 1-19　半波整流电路

（1）整流电路。整流是将交流电变为直流电，整流又可分为半波整流、全波整流、桥式整流和倍压整流，它主要利用二极管的单向导电性，因此，二极管也称为整流二极管。图 1-19 所示为半波整流电路，下面以此为例简单说明二极管在整流电路中的应用。

由于 $u_i(t)$ 的值有正有负，当 $u_i(t)$ 在正半周期时，将二极管看作理想二极管，二极管正向偏置，导通，则 $u_o=u_i$，当 $u_i(t)$ 在负半周期时，二极管反向偏置，截止，则 $u_o=0$。输入、输出电压的波形如图 1-20 所示，可以看出，虽然输入电压有正有负，但输出电压均为正，或者说，通过负载的电流总是同一个方向，可将交流电变成脉动的直流电，实现了整流。

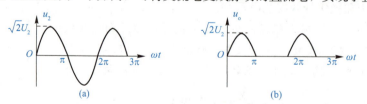

图 1-20　整流电路输入、输出电压波形

（a）输入电压；（b）输出电压

（2）限幅电路。限幅电路的作用是把输出信号幅度限定在一定的范围内，即当输入电压超过或低于某一参考值后，输出电压将被限制在某一电平（称为限幅电平），且不再随输入电压变化。图 1-21(a) 所示为单向并联限幅电路，其中 R 为限流电阻，u_i 为正弦交流电压，

其幅值为 4 V，u_o 为输出电压。正弦交流电压 u_i 和直流电压 U_{REF} 同时作用在二极管上，若将二极管看成理想二极管，则当 u_i 的值大于 U_{REF}，二极管导通，$u_o = U_{REF} = 2$ V；如果 u_i 的值小于 U_{REF}，二极管截止，则 $u_o = u_i$。u_i、u_o 的波形如图 1-21(b)所示。

(3)开关电路。二极管的开关特性在数字电路中有广泛的应用。利用二极管的单向导电性，二极管正向导通时，其端电压很小，可近似为 0，相当于开关闭合；二极管反向截止时，流过的电流很小，可近似看作开路，相当于开关断开。图 1-22 所示的电路，利用二极管的开关特性，可实现逻辑"与"运算。

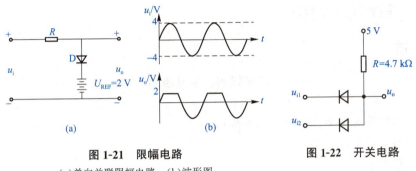

图 1-21 限幅电路

(a)单向并联限幅电路；(b)波形图

图 1-22 开关电路

7. 半导体器件的命名方法与二极管的选管原则

(1)半导体器件的命名方法。国产半导体器件的型号命名由五部分组成，各部分的具体含义见表 1-1。

表 1-1 半导体器件命名方法

第一部分		第二部分		第三部分		第四部分	第五部分
用数字表示器件的电极数目		用汉语拼音字母表示三极管的材料和极性		用汉语拼音字母表示三极管的类型			
符号	意义	符号	意义	符号	意义	用阿拉伯数字表示序号	用汉语拼音字母表示规格号
2	二极管	A	N 型锗材料	P	小信号管		
		B	P 型锗材料	V	混频检波管		
		C	N 型硅材料	W	稳压管		
		D	P 型硅材料	C	变容管		
				Z	整流管		
				L	整流堆		
				S	隧道管		
				K	开关管		
				U	光电管		
3	三极管	A	PNP 型，锗材料	X	低频小功率管（截止频率<3 MHz，耗散功率<1 W）		
		B	NPN 型，锗材料	G	高频小功率管（截止频率≥3 MHz，耗散功率<1 W）		
		C	PNP 型，硅材料				
		D	NPN 型，硅材料	D	低频大功率管（截止频率<3 MHz，耗散功率≥1 W）		
		E	化合物材料	A	高频大功率管（截止频率≥3 MHz，耗散功率≥1 W）		
				T	半导体晶闸管		

例如，型号为 2CP10 的二极管表示 N 型，硅材料小信号二极管，序号是 10。

（2）二极管的一般选管原则。电路中选择二极管时，通常需要根据实际电路的技术需求，估算二极管应具有的参数，并考虑适当的余量，然后查手册确定二极管的型号。一般选管原则如下：

①要求导通后正向压降小时选择锗管，要求反向电流小时选择硅管。
②要求工作电流大时选择面接触型，要求工作频率高时选择点接触型。
③要求反向击穿电压高时选择硅管。
④要求温度特性好时选择硅管。

任务实施

二极管的识别与检测

1. 目的

（1）了解二极管的类型、外观和相关标识。
（2）掌握用万用表检测二极管的极性及质量好坏。

2. 设备与器件

二极管、万用表。

3. 预习要求

熟悉万用表的用法，复习二极管的单向导电性。

4. 内容及步骤

（1）观察所用二极管外观，写出所用二极管的型号，并查阅资料完成表 1-2。

表 1-2　二极管的型号和参数

型号	二极管类型	最高反向工作电压 U_{RM}/V	最大整流电流 I_F/mA

（2）判断二极管的极性。

①从外观判断二极管的极性（图 1-23）。普通二极管的外壳上一般标有极性，如用箭头、色点、色环或管脚长短等形式做标记。箭头所指方向或靠近色环的一端为阴极，有色点或长管脚为阳极。

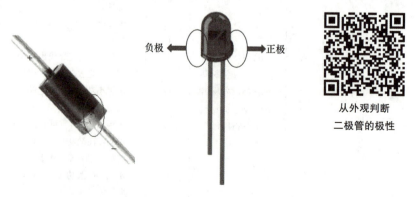

从外观判断
二极管的极性

图 1-23　外观判断二极管的极性

②借助万用表判断二极管的极性及质量好坏。万用表测量二极管的极性及质量好坏主要利用二极管的单向导电性，借助万用表测其正、反向电阻值。

a. 判断二极管的极性。利用指针式万用表：将万用表置于"$R \times 1\ \text{k}\Omega$"或"$R \times 100\ \Omega$"挡，用两个表笔接触二极管的两端，分别测量二极管的正向电阻和反向电阻，如图1-24所示。正常情况下，测得的两次阻值一次阻值较小，而另一次阻值较大。阻值小的为二极管的正向电阻，此时，万用表黑表笔接触的一端为二极管的正极，红表笔接触的一端为负极。

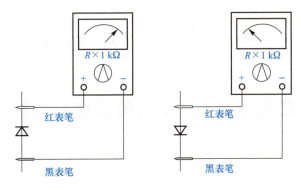

图1-24 指针式万用表测量二极管阻值

利用数字式万用表：将数字式万用表挡位旋转至二极管检测挡位，分别用两个表笔接触二极管的两个电极，测量二极管的正向电阻和反向电阻。在两次测量中，显示为几百欧的具体数值时为正向电阻；显示为"1"时为反向电阻。其中，在正向电阻的测量中，红表笔接的为二极管的正极，黑表笔接的为二极管的负极。

b. 判断质量好坏。二极管的材料和质量好坏也可以借助正、反电阻进行判断。对于小功率二极管，一般硅材料二极管的正向电阻为几百欧姆到几千欧姆，锗材料二极管的正向电阻为几百欧姆；反向电阻，无论锗管还是硅管，一般都在几百千欧或以上，而且硅管比锗管大。

若测得二极管的正、反电阻均较小或接近0，则说明二极管内部已击穿短路或漏电损坏；若测得二极管的正、反电阻均为无穷大，则说明二极管已开路损坏；通常，正、反电阻相差越大越好。

利用万用表判断二极管的极性和质量，并将判断、测量结果记录于表1-3。

表1-3 万用表判断二极管的极性及质量好坏

型号＼电阻值	$R \times 1\ \text{k}\Omega$		$R \times 100\ \Omega$		判断质量
	正向	反向	正向	反向	

任务思考

1. 在制作半导体器件时，为什么要先将半导体材料制成本征半导体，然后对其掺杂，利用掺杂半导体形成 PN 结？

2. 在二极管电路中，其他条件不变，当温度升高时，硅二极管和锗二极管哪种受温度影响更大？

3. 用万用表测量二极管的正向电阻和反向电阻时，为什么测得的阻值不同？

4. 用万用表测量二极管的阻值时，为何不能用 $R \times 1\ \Omega$ 或 $R \times 10\ \mathrm{k\Omega}$ 挡测试？

任务 1.2　晶体管的识别与检测

任务目标

1. 知识目标
- 认识晶体管的结构及符号。
- 掌握晶体管的工作特性。
- 掌握分析与判断晶体管工作状态的方法。

2. 能力目标
- 能够从外观上识别晶体管的管脚。
- 能够利用万用表判断晶体管的管脚及质量好坏。

晶体管的
结构与类型

知识准备

1.2.1　晶体管的结构与分类

双极型晶体管(BJT)也叫作晶体三极管，简称晶体管，如图 1-25 所示，是一种三端器件。晶体管内部根据不同的掺杂方式在同一个硅片上制造出三个掺杂区域，形成了具有 N 型和 P 型半导体构成的三层结构和两个离得很近的背靠背排列的 PN 结，并引出三个电极，从而构成了双极型晶体管。晶体管可分为 NPN 和 PNP 两种类型，其结构示意和电路符号如图 1-26 所示。

下面以 NPN 型晶体管为例介绍晶体管的结构。位于中间的 P 区称为基区，它很薄且杂质浓度低；下层的 N 区掺杂浓度高，为发射区；位于上层的 N 区面积

图 1-25　晶体管

很大，且掺杂浓度不大，为集电区。从晶体管的三个区分别引出三个电极，分别称为晶体管的基极、发射极和集电极，分别简记为 B(b)、E(e)、C(c)。晶体管结构中有两个 PN 结，发射区与基区之间的 PN 结称为发射结，基区与集电区之间的 PN 结称为集电结，晶体管的外特性与这三个区域的结构特点紧密相关。

· 12 ·

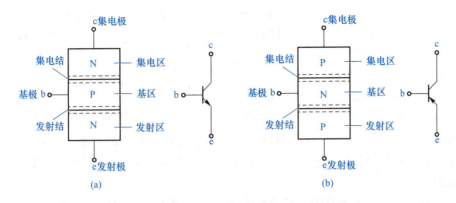

图 1-26 两种类型晶体管的结构示意及其电路符号
(a)NPN 型；(b)PNP 型

晶体管按照频率高低可分为高频管和低频管；按照功率大小可分为大功率管、中功率管和小功率管；按照结构特点可分为 NPN 型管和 PNP 型管；按照所用材料可分为硅管和锗管；根据特殊要求还可分为开关管和低噪声管等。

1.2.2 晶体管的电流放大作用

晶体管最重要的功能之一就是放大电流信号，是构成放大电路的核心元件，它能够控制能量的转换，将输入的微小变化不失真地放大输出。

晶体管的电流放大作用

1. 晶体管的电流放大条件

(1)晶体管具有电流放大作用的内部条件：晶体管的结构特点。

(2)晶体管具有电流放大作用的外部条件：为了使晶体管工作在放大区，实现放大功能，必须给晶体管加上合适的直流电压，保证发射结正向偏置，且集电结反向偏置，对于 NPN 型晶体管来说，必须满足 $U_{BE}>0$，$U_{BC}<0$，即 $U_C>U_B>U_E$；对于 PNP 型晶体管来说，必须满足 $U_{BE}<0$，$U_{BC}>0$，即 $U_C<U_B<U_E$。

2. 晶体管的电流放大原理

(1)晶体管内部载流子的传输过程。下面以 NPN 型晶体管构成的共发射极电路为例介绍晶体管中载流子的传输过程，如图 1-27 所示。

①发射极电流的形成：发射结加正向电压，扩散运动形成发射极电流 I_E。发射结加正向电压，由于发射区杂质浓度高，所以，大量自由电子因扩散运动越过发射结到达基区形成电流 I_{EN}。与此同时，基区的空穴也从基区向发射区扩散形成电流 I_{EP}，但由于基区杂质浓度远远小于发射区，所以，空穴形成的电流非常小，做近似分析时可忽略不计。扩散运动形成了发射极电流 I_E。

②基极电流的形成：由于基区薄，杂质浓度低，集电结又加了反向电压，所以，扩散到基区

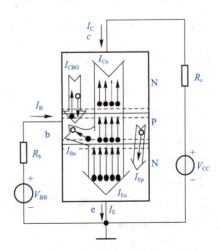

图 1-27 晶体管内部载流子传输及电流分配

的电子中只有极少部分与空穴复合，其余大部分电子注入基区后到达集电结边缘；又由于电源 V_{BB} 的作用，基区中的价电子不断被电源 V_{BB} 正极拉走，于是，在基区出现了新的空穴，电子与空穴的复合运动将源源不断地进行，这样就形成了基区复合电流 I_{BN}，它是基极电流 I_B 的主要部分。

③集电极电流的形成：由于集电结加反向电压且其结面积较大，基区中到达集电结边缘的大多数电子在集电结反向电压的作用下，越过集电结到达集电区，被集电区收集形成漂移电流 I_{CN}。与此同时，集电区与基区的少子也参与漂移运动，形成反向饱和电流 I_{CBO}，但其数量小，在近似分析中可忽略不计。可见，在集电极电源 V_{CC} 的作用下，漂移运动形成集电极电流 I_C。

通过分析可知，在晶体管中，空穴和电子两种载流子均参与导电，因此被称为双极型晶体管。

(2) 晶体管中的电流分配关系。根据以上分析，晶体管在满足放大的内部结构条件和发射结正偏、集电结反偏的外部条件后，晶体管三个电极上的电流和内部载流子传输形成的电流之间有如下关系：

$$I_E \approx I_{EN} = I_{CN} + I_{BN} \tag{1-1}$$

基极电流
$$I_B \approx I_{BN} - I_{CBO} \tag{1-2}$$

集电极电流
$$I_C = I_{CN} + I_{CBO} \tag{1-3}$$

发射极电流
$$I_E = I_C + I_B \tag{1-4}$$

可以看出，流入 NPN 型管的基极电流 I_B 与集电极电流 I_C 之和等于流出晶体管发射极电流 I_E，满足基尔霍夫电流定律。且当晶体管制成以后，I_C 与 I_B 的比值就确定了，这个比值称为共发射极直流电流放大系数 $\bar{\beta}$，即

$$\bar{\beta} = \frac{I_C}{I_B} \tag{1-5}$$

由于 I_B 远小于 I_C，因此 $\bar{\beta} \gg 1$，一般 NPN 型晶体管的 $\bar{\beta}$ 通常为几十到几百之间。

实际电路中晶体管主要用于放大动态信号。当晶体管的基极加动态电流 Δi_B 时，集电极电流也将随之变化，产生动态电流 Δi_C。集电极电流的变化量 Δi_C 和基极电流变化量 Δi_B 的比值称为共发射交流电流放大系数 $\tilde{\beta}$，即

$$\tilde{\beta} = \frac{\Delta i_C}{\Delta i_B} \tag{1-6}$$

$\bar{\beta}$ 和 $\tilde{\beta}$ 的定义不同，$\bar{\beta}$ 反映晶体管直流工作状态下的电流放大能力，而 $\tilde{\beta}$ 反映晶体管交流工作状态下的电流放大能力。对于同一个晶体管，其交流、直流电流放大系数在数值上会有区别，但当晶体管工作在放大区域时，两者基本相同，即 $\bar{\beta} = \tilde{\beta}$，统称为晶体管共射电流放大系数，并用 β 表示。

在实际应用中，一般选用 β 值为 20~100 的晶体管为宜。

综上所述，晶体管具有将基极电流的变化量放大 β 倍的能力，可以通过改变 i_B 控制 i_C，这就是晶体管的电流放大作用。

1.2.3 晶体管的连接方式

为了发挥晶体管的电流控制作用，将晶体管接入电路时会涉及两个回路：一个是控制

电流所在的输入回路,另一个是受控电流所在的输出回路。晶体管有三个电极,在组成放大电路时,一个电极作为输入端,另一个电极作为输出端,第三个电极作为输入和输出的公共端。根据所选择公共端的不同,晶体管在电路中有三种连接方式,分别为共发射极、共集电极和共基极,如图 1-28 所示。

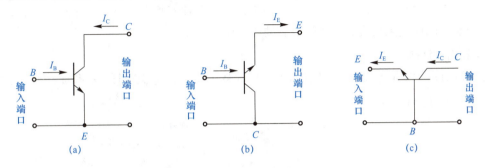

图 1-28　晶体管的三种连接方式
(a)共发射极；(b)共集电极；(c)共基极

1.2.4　晶体管的特性曲线

晶体管的特性曲线描述了晶体管各极电压和电流之间的关系,也叫作晶体管的伏安特性曲线,分为输入特性曲线和输出特性曲线。晶体管的不同连接方式有不同的特性曲线,下面以 NPN 型晶体管为例介绍共发射极接法时的特性曲线,其测试电路如图 1-29 所示。

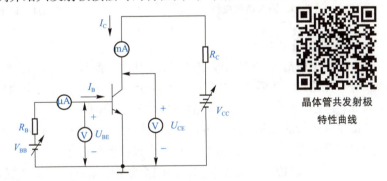

图 1-29　晶体管共发射极接法特性曲线测试电路

1. 输入特性曲线

输入特性曲线描述了在管压降 U_{CE} 一定的情况下,基极电流 i_B 与发射结电压 u_{BE} 之间的函数关系(图 1-30),即 $i_B = f(u_{BE})|_{U_{CE}=常数}$。

从图 1-30 可以看出：

输入特性曲线是非线性的,存在一段死区,当外加发射结电压 u_{BE} 小于死区电压 $u_{BE(th)}$ 时,晶体管不导通,输入回路没有基极电流,处于截止状态。硅管的死区电压为 0.5 V,锗管的死区电压为 0.1 V。

当外加发射结电压 u_{BE} 大于死区电压 $u_{BE(th)}$ 时,随着 u_{BE} 的增大,i_B 开始按指数规律增加,近似按直线上升。晶体管正常工作时,u_{BE} 变化不大,发射结电压 u_{BE} 与二极管的管压降相同,硅管电压约为 0.7 V,锗管约为 0.3 V。

另外，当 U_{CE} 不同时，对应的特性曲线也是不同的。当 $U_{CE}=0$ 时，相当于集电极与发射极短路，即发射结与集电结并联。因此，输入特性曲线与二极管的伏安特性相类似。当 U_{CE} 增大时，曲线将右移，这是由于集电结对发射区注入基区电子的吸引能力增强，使电子在基区的复合减少，即在同样 u_{BE} 的情况下，i_B 减少，所以，曲线右移。实际上，对于确定的 U_{CE}，当 U_{CE} 增大到一定的值以后，曲线不再明显右移而基本重合。对于小功率管，常用 U_{CE} 等于 1 V 的曲线来代表 U_{CE} 大于 1 V 的所有曲线。

2. 输出特性曲线

输出特性曲线是指当 i_B 一定时，输出回路中 i_C 与 u_{CE} 之间的关系曲线（图 1-31），即 $i_C = f(u_{CE})|_{i_B=常数}$。

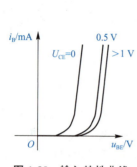

图 1-30 输入特性曲线

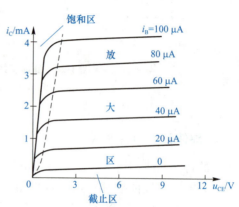

图 1-31 输出特性曲线

从图 1-31 可以看出：

由于输出电流 i_C 不仅与输出电压 u_{CE} 有关，而且与输入电流 i_B 有关，因此，绘制特性曲线时，先固定 i_B，看 i_C 如何随 u_{CE} 变化而变化。对于每一个固定的 i_B 值，可以绘制一条 i_C 随 u_{CE} 变化的曲线，因此，输出特性曲线为一簇曲线。

按照晶体管的工作情况，可以将输出特性曲线分为截止区、放大区和饱和区三个区域，分别对应晶体管工作的截止状态、放大状态和饱和状态。

(1) 截止区。特性曲线 $i_B=0$ 以下的区域叫作截止区，该区域发射结电压小于死区电压（硅管 0.5 V，锗管 0.1 V），此时，集电极电流 i_C 也近似为 0。为了保证晶体管可靠截止，经常使晶体管发射结反偏，同时集电结也反偏。

晶体管工作在截止区，可在电路中作为一个断开的开关使用。

(2) 放大区。特性曲线比较平直的区域叫作放大区，该区域集电极电流 i_C 与 u_{CE} 基本无关，受基极电流 i_B 的控制，$i_C = \beta i_B$，体现了晶体管的电流放大作用。晶体管处于放大区的条件是发射结正偏，集电结反偏。

晶体管工作在放大区，可用于放大电路中实现放大。

(3) 饱和区。特性曲线靠近纵轴的陡直部分是饱和区。饱和区的输出特点如下：

①当 i_B 固定时，随着 u_{CE} 的增加，i_C 急剧增加，说明 u_{CE} 对 i_C 具有很强的控制作用。

②当 u_{CE} 固定时，i_B 增大，i_C 增加不多，出现饱和现象，继续增大 i_B，i_C 几乎不变，即 i_B 对 i_C 失去了控制作用。晶体管工作在饱和区的条件是发射结与集电结均处于正向偏置。

晶体管饱和区和放大区的临界点的连线(分界线)叫作临界饱和线,此时晶体管的状态称为临界饱和状态,对于小功率管,可以认为当 $u_{CE}=u_{BE}$,即 $u_{BC}=0$ 时,晶体管处于临界状态,即临界饱和或临界放大状态,当晶体管 $u_{CE}<u_{BE}$ 时,称为深度饱和。

在饱和状态下,晶体管集电极和发射极之间的电压称为饱和压降,用 U_{CES} 表示,在深度饱和时,小功率硅管的 U_{CES} 一般为 0.3 V,锗管的 U_{CES} 为 0.1 V。

晶体管工作在饱和区,在电路中可作为一个闭合的开关使用。

晶体管三种工作状态的特点见表 1-4。

表 1-4 晶体管三种工作状态的特点

工作区	发射结	集电结	u_{BE}	i_B	i_C	u_{CE}	应用
截止区	反偏	反偏	<0.5 V(硅) <0.1 V(锗)	=0	≈0	根据电路计算	开关断开
放大区	正偏	反偏	=0.7 V(硅) =0.3 V(锗)	根据电路计算	βi_B	根据电路计算	放大
饱和区	正偏	正偏	>0.5 V(硅) >0.1 V(锗)	根据电路计算	根据电路计算	深度饱和时: 0.3 V(硅) 0.1 V(锗)	开关闭合

【例 1-2】 判断图 1-32 中晶体管的工作状态(放大、截止、饱和)。

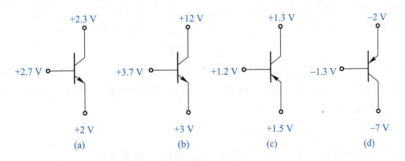

图 1-32 例 1-2 图

解:由图 1-32(a)可知该晶体管类型为 NPN 型,$U_B>U_E$ 发射结正偏,$U_B>U_C$ 集电结正偏,所以,该晶体管工作在饱和区,且 $U_{BE}=0.7$ V,该晶体管为硅管。

由图 1-32(b)可知该晶体管类型为 NPN 型,$U_B>U_E$ 发射结正偏,$U_B<U_C$ 集电结反偏,所以,该晶体管工作在放大区,且 $U_{BE}=0.7$ V,该晶体管为硅管。

由图 1-32(c)可知该晶体管类型为 PNP 型,$U_B<U_E$ 发射结正偏,$U_B<U_C$ 集电结正偏,所以,该晶体管工作在饱和区,且 $U_{BE}=0.3$ V,该晶体管为锗管。

由图 1-32(d)可知该晶体管类型为 PNP 型,$U_B>U_E$ 发射结反偏,$U_B>U_C$ 集电结反偏,所以,该晶体管工作在截止区。

1.2.5 晶体管的主要参数

晶体管参数可用来表示其特性和适用范围，是电路中选择晶体管的重要依据。晶体管参数可在半导体器件手册中查到，这里只介绍在近似分析中的主要参数。

1. 电流放大系数

电流放大系数是表示晶体管电流放大能力的参数，当晶体管为共发射极接法时，常用 $\bar{\beta}$ 和 $\tilde{\beta}$ 表示。

$\bar{\beta}$ 称为共发射极直流电流放大系数，定义为晶体管工作在静态时，集电极电流 I_C 与基极电流 I_B 的比值，即

$$\bar{\beta} \approx \frac{I_C}{I_B} \tag{1-7}$$

$\tilde{\beta}$ 称为共发射极交流电流放大系数，定义为当晶体管工作在动态时，集电极电流的变化量 Δi_C 与基极电流变化量 Δi_B 的比值，即

$$\tilde{\beta} \approx \frac{\Delta i_C}{\Delta i_B} \tag{1-8}$$

在常用的工作范围内，$\tilde{\beta} \approx \bar{\beta}$，且基本不变，统称为共发射极电流放大系数，用 β 表示。

2. 极间反向电流

极间反向电流是表示晶体管工作稳定性的参数，受温度影响较为明显。

(1) 集电极—基极反向饱和电流 I_{CBO}。当发射极开路时，在其集电结上加反向电压，测得的反向电流称为集电极—基极反向饱和电流 I_{CBO}。

(2) 集电极—发射极反向穿透电流 I_{CEO}。基极开路时，集电极流到发射极的反向电流称为集电极—发射极反向穿透电流 I_{CEO}。I_{CEO} 和 I_{CBO} 之间的关系为

$$I_{CEO} = (1+\beta) I_{CBO}$$

同一型号的晶体管反向电流越小，性能越稳定。I_{CEO} 和 I_{CBO} 都是温度的敏感函数，一般情况下，硅管的 I_{CBO} 受温度影响比锗管小，在稳定性要求较高的电路中或环境温度变化较大时，常选用硅管。

3. 极限参数

极限参数是保证晶体管在电路中正常安全工作所不能逾越的参数。

(1) 集电极最大允许电流 I_{CM}。晶体管放大区正常工作时 β 值基本不变，但是，当集电极电流 I_C 增大到一定程度时，β 值会下降，I_{CM} 一般指 β 下降到正常值的 2/3 时所对应的集电极电流。当 $i_C > I_{CM}$ 时，晶体管不一定会损坏，但是其性能将明显下降。

(2) 集电极最大允许功率损耗 P_{CM}。晶体管的功率损耗主要由集电结承担，功耗会转化成热量，使集电结温度升高，严重时晶体管将被烧坏。实际使用时，晶体管的功率损耗应小于 P_{CM}。

(3) 反向击穿电压 $U_{(BR)CBO}$、$U_{(BR)CEO}$、$U_{(BR)EBO}$。

① $U_{(BR)CBO}$ 是发射极开路时，集电极—基极之间的反向击穿电压，这是集电结所允许加的最高反向电压。

② $U_{(BR)EBO}$ 是集电极开路时，发射极—基极之间的反向击穿电压，这是发射结所允许加的最高反向电压。

③$U_{(BR)CEO}$是基极开路时,集电极—发射极之间的反向击穿电压,此时集电结承受反向电压。以上击穿电压存在的关系如下:

$$U_{(BR)CBO} > U_{(BR)CEO} > U_{(BR)EBO} \tag{1-9}$$

1.2.6 晶体管的温度特性

由于半导体材料的热敏性,晶体管的参数大多与温度有关。

(1)温度对发射结压降u_{BE}的影响:温度升高,u_{BE}值减小,也可理解为若u_{BE}不变,则温度升高时i_B将增大。一般温度每升高1 ℃,u_{BE}要减小2~2.5 mV。

(2)温度对I_{CBO}的影响:温度升高,I_{CBO}增大。大约温度每升高10 ℃,I_{CBO}增大1倍。I_{CEO}随温度变化规律大致与I_{CBO}相同。

(3)温度对β的影响:温度每升高1 ℃,β值增大0.5%~1%。

1.2.7 光电三极管

光电三极管也称为光敏三极管,依据光照的强度来控制集电极电流的大小。光电三极管有塑料封装、金属封装(顶部为玻璃镜窗口)、树脂封装等多种封装结构,引脚分为两脚和三脚型。一般两个管脚的光电三极管仅引出集电极和发射极,基极未引出,作为光接收窗口,因为具有电流放大作用,所以光电三极管比光电二极管灵敏得多,在集电极可以输出很大的光电流。光电三极管及其电路符号如图1-33所示。

图1-33 光电三极管

📋 任务实施

晶体管的识别与检测

1. 目的

(1)了解晶体管的类型、外观和相关标识。

(2)掌握用万用表检测晶体管极性及质量好坏的方法。

2. 设备与器件

晶体管、万用表。

3. 预习要求

熟悉万用表的用法。

4. 内容及步骤

(1)观察晶体管外观,写出所用晶体管的型号,并查阅资料完成表1-5。

表1-5 三极管的型号和参数

型号	管型	材料	主要参数

(2) 晶体管管脚判断。

① 从外观判断晶体管的管脚。

a. 金属封装晶体管的管脚判断。有定位标志的晶体管，面对管底，由定位标志起，按顺时针方向，管脚依次为 E、B、C，如图 1-34(a)所示。无定位标志的晶体管，面对管底，令带管脚的半圆位于上半圆，按照顺时针方向，管脚依次为 E、B、C，如图 1-34(b)所示。

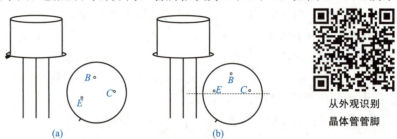

图 1-34　金属封装晶体管的管脚判别

(a)金属封装有定位标志；(b)金属封装无定位标志

b. 塑料封装晶体管的管脚判断。半圆柱型塑料封装，平面正对自己，管脚向下，从左至右，依次为 E、B、C，如图 1-35(a)所示，也有特殊情况不按照这个顺序排列。带金属散热片塑料封装：正面(标有型号面)正对自己，管脚向下，从左至右，依次为 E、B、C，如图 1-35(b)所示。

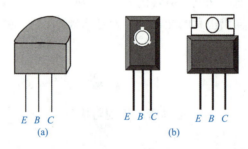

图 1-35　塑料封装晶体管的管脚判断

(a)半圆柱型塑料封装；(b)带金属散热片塑料封装

c. 大功率菱形晶体管的管脚判断。面对管底，令两个管脚均位于左侧，上为 E，下为 B，管底为 C，如图 1-36 所示。

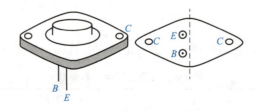

图 1-36　大功率菱形晶体管

② 借助万用表判断晶体管的管脚及管型。

a. 定基极和管型。原理：利用晶体管的 B 极对 C、E 极都是一个 PN 结，正向电阻都很小,反向电阻都很大,可以将晶体三极管的结构看作两个背靠背的 PN 结。对 NPN 型来说,基极是两个 PN 结的公共阳极;对 PNP 型管来说,基极是两个 PN 结的公共阴极,如图 1-37 所示,利用此点判断三极管的基极和管型。

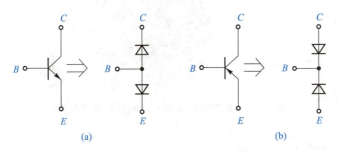

图 1-37　晶体管结构示意
(a)NPN 型;(b)PNP 型

方法:模拟式万用表置电阻挡,量程选择 1 kΩ(或 $R \times 100$ Ω 挡),先假定一个管脚为基极,将万用表的黑表笔接到假定的基极,红表笔分别接到另外两极,如果两次测得的电阻都很小(或都很大),此时黑表笔接触到的管脚即为基极,且两次测得的电阻都很小的为 NPN 型晶体管;两次测得的电阻都很大的为 PNP 型晶体管。

注意:如果使用的是数字式万用表,其黑红表笔与模拟式万用表相反。

b. 定集电极和发射极。

第一种方法:以 NPN 型晶体管为例,确定基极后,先假设另外两个管脚中,其中一极为集电极,另一极为发射极,并在已确定的基极和假设的"集电极"中接入一个大电阻 R(在实测中常用大拇指和食指接触两极,用人体电阻替代大电阻 R),将万用表的黑表笔搭接在假设的"集电极"上,红表笔搭接在假设的"发射极"上,如图 1-38 所示,记下阻值,再对调两个表笔,重复上述测试过程,比较两次测量结果,阻值小的情况为正确的假设。如果是 PNP 型晶体管,在测量时只要将红表笔与黑表笔对调一下位置,上述判断过程和方法同样成立。

第二种方法:利用万用表 hFE 挡和已知的基极及管型(图 1-39)。将晶体管插到判断晶体管管脚的 NPN 或 PNP 的小孔上,基极对准 B,然后读数;把它的另外两个管脚对换位置,再读数。读数较大的那次,C 所对应的管脚就是晶体管集电极,E 所对应的管脚则为晶体管发射极。

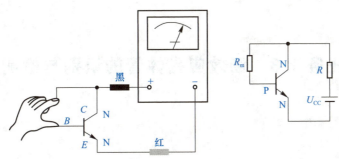

图 1-38　晶体管集电极和发射极的判断

图 1-39 利用万用表 hFE 挡判断晶体管引脚

将实验结果填入表 1-6。

表 1-6 万用表判断晶体管的管脚及管型

型号	封装类型	管脚排列（从外观判断）	管脚排列（利用万用表判断）	管型	材料

任务思考

1. 晶体管具有两个 PN 结，可否用两个二极管背靠背相连构成一个晶体管？
2. 如何判断晶体管所处的工作状态？
3. 如何判断双极型晶体管是硅管还是锗管？
4. 在用万用表判断晶体管的管脚及管型时，能否用双手将表笔与三极管的管脚捏住进行测量？这样做将会产生什么问题？

任务 1.3　场效应晶体管的识别与检测

任务目标

1. 知识目标

- 认识场效应晶体管的结构、符号和分类。
- 了解场效应晶体管的工作特性。

2. 能力目标
- 能够从外观上识别场效应晶体管的管脚。
- 能够利用万用表判断场效应晶体管的管脚。

知识准备

1.3.1 场效应晶体管的特点与分类

1. 场效应晶体管的特点

场效应晶体管（Field Effect Transistor，FET）也叫作场效应管，只有一种载流子参与导电，为单极型晶体管，它利用输入回路的电场效应来控制输出回路电流，是一种电压控制电流型半导体器件。场效应管不但具有双极型晶体管体积小、质量轻、寿命长等优点，而且具有输入阻抗高、噪声低、热稳定性好、抗干扰能力强和制造工艺简单的优点，因此，其在大规模集成电路中得到了广泛的应用。

2. 场效应晶体管的分类

场效应晶体管根据结构不同可分为两大类：结型场效应晶体管（JFET）和绝缘栅型场效应晶体管（MOSFET），对于绝缘栅场效应晶体管来说，又分为增强型和耗尽型两种，而每一种又有 N 沟道和 P 沟道之分，场效应晶体管的分类如图 1-40 所示。

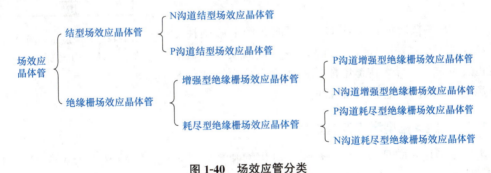

图 1-40 场效应管分类

1.3.2 结型场效应晶体管

1. 结构和符号

结型场效应晶体管结构和电路符号如图 1-41 所示。下面以 N 沟道结型场效应晶体管为例介绍其结构。

结型场效应管

在一块 N 型半导体两边各扩散一个高浓度的 P 型区（用 P^+ 表示）形成两个 PN 结，把两个 P 区并联在一起，引出一个电极，称为栅极 G，在 N 型半导体的两端各引出一个电极，分别称为源极 S 和漏极 D，夹在两个 PN 结中间的 N 型区域称为导电沟道，它是漏极和源极之间电子流通的路径。

按照类似方法，在一块 P 型半导体的两边各扩散一个高浓度的 N 区，就可以制成 P 沟道结型场效应管。结型场效应管也是一种晶体管，它的三个电极与双极型晶体管的三个电极对应关系为：栅极 G—基极 B；源极 S—发射极 E；漏极 D—集电极 C。

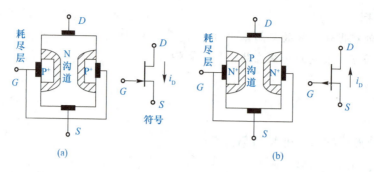

图 1-41 结型场效应管结构和符号

(a)N 沟道结型场效应管结构和符号；(a)P 沟道结型场效应管结构和符号

2. 工作原理

现以 N 沟道结型场效应晶体管为例介绍外加电场是如何控制结型场效应晶体管电流的。结型场效应晶体管工作时，它的两个 PN 结始终要加反向电压。对于 N 沟道来说，栅源之间的电压 $U_{GS} \leqslant 0$，栅源之间仅存在微弱的反向饱和电流，栅极电流基本为零，呈现出很高的输入电阻。漏源之间加正向电压，即 $U_{DS} > 0$，用以形成漏极电流 I_D，如图 1-42 所示。

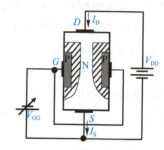

图 1-42 N 沟道结型场效应晶体管工作原理

当 G、S 两极之间的电压 U_{GS} 改变时，沟道两侧耗尽层的宽度（即 PN 结的厚度）也随之改变，进而使电沟道的宽度也发生改变，导致沟道电阻值的改变，从而实现了利用栅源电压 U_{GS} 控制电流 I_D 的目的。

1.3.3 绝缘栅型场效应晶体管

绝缘栅型场效应晶体管是由金属、氧化物和半导体组成的，故又称为 MOS 管（Metal-Oxide-Semiconductor Field-Effect Transistor，MOSFET）。它的输入电阻比结型场效应管大得多，可达 $10^{10}\Omega$ 以上，因其比结型场效应管温度稳定性更好、功耗较双极型晶体管小、集成化时工艺简单，而被广泛用于大规模和超大规模集成电路。

1. MOS 管基本结构与符号

与结型场效应管相同，MOS 管也有 N 沟道和 P 沟道两类，但每一类又分为增强型和耗尽型两种。下面以 N 沟道 MOS 管为例介绍其结构。N 沟道增强型 MOS 管结构如图 1-43(a)所示，它以一块低掺杂的 P 型硅片为衬底，利用扩散工艺形成两个高掺杂的 N 型区（用 N^+ 表示），并引出源极 S 和漏极 D，在 P 型半导体上制作一层很薄的 SiO_2 绝缘层，再在 SiO_2 上制作一层金属薄层，并引出电极，作为栅极 G，在衬底上也引出一个引线 B，通常将衬底与源极接在一起使用。

N 沟道耗尽型 MOS 管的结构如图 1-43(b)所示，与增强型 MOS 管结构基本相同，但在制作晶体管时，预先在 SiO_2 绝缘层中掺入了大量正离子，在正离子产生的正向电场作用下，P 型衬底中的电子被吸引到衬底与 SiO_2 绝缘层的交界面上来，形成 N 型薄层（反型层），在源极 S 和漏极 D 之间形成导电通道。

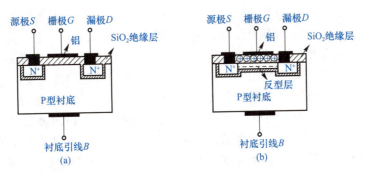

图 1-43　MOS 管结构
(a)N 沟道增强型 MOS 管；(b)N 沟道耗尽型 MOS 管

P 沟道增强型和耗尽型 MOS 管也与 N 沟道 MOS 管具有相似的结构，此处不再赘述。增强型和耗尽型 MOS 管的电路符号如图 1-44 所示。

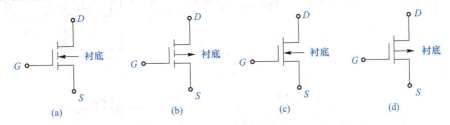

图 1-44　MOS 管电路符号
(a)N 沟道增强型 MOS 管；(b)P 沟道增强型 MOS 管；
(c)N 沟道耗尽型 MOS 管；(d)P 沟道耗尽型 MOS 管

从以上的介绍不难看出，P 沟道 MOS 管(PMOS)和 N 沟道 MOS 管(NMOS)的划分主要依据的是载流子，如果漏极和源极之间导通依靠的载流子是电子，则是 NMOS；如果漏极和源极之间导通依靠的载流子是空穴，则是 PMOS。增强型 MOS 管和耗尽型 MOS 管的划分主要根据栅—源电压 $U_{GS}=0$ 时，加上漏源电压 U_{DS}，漏极电流 I_D 是否为 0 来确定的，当栅—源电压 $U_{GS}=0$ 时，加上漏源电压 U_{DS}，漏极电流 $I_D=0$，为增强型 MOS 管；当栅—源电压 $U_{GS}=0$ 时，加上漏源电压 U_{DS}，漏极电流 $I_D \neq 0$，则为耗尽型 MOS 管。

2. N 沟道增强型 MOS 管工作原理

N 沟道增强型 MOS 管工作时，栅极和源极之间加正电压，漏极和源极之间加正电压。主要表现为 U_{GS} 对 I_D 的控制作用和 U_{DS} 对 I_D 的影响。

(1) U_{GS} 对 I_D 的控制作用。当 $U_{GS}=0$ 时，漏极和衬底及源极之间形成了两个背靠背的 PN 结，漏极与源极之间没有原始的导电沟道，则漏极电流 $I_D=0$，如图 1-45(a)所示。

当 $U_{GS}>0$ 时，栅极与衬底之间产生了一个垂直于半导体表面、由栅极 G 指向衬底的电场。这个电场吸引 P 型衬底中的电子到表面层，当 U_{GS} 增大到一定程度时，绝缘体和 P 型衬底的交界面附近积累了较多的电子，形成了 N 型薄层，称为 N 型反型层，如图 1-45(b)所示。反型层将漏区和源区连通，成为漏区与源区之间的一条导电沟道，一般将开始形成沟道时的栅源电压叫作开启电压，用 U_T 表示。U_{GS} 越大，吸引 P 型衬底中电子的能力也越强，P 型衬底表面聚集的电子的数目就越多，导电沟道就越厚，沟道电阻也就越小。

(2) U_{DS} 对 I_D 的影响。当 $U_{GS} \geq U_T$ 时，导电通道形成，在漏极和源极之间加上正向漏源电压 U_{DS} 之后，就会有电流 I_D 流过沟道。当 U_{DS} 较小时，只要 U_{GS} 一定，沟道电阻也是一定的，I_D 随 U_{DS} 上升迅速增加，呈线性变化。由于漏极电流 I_D 流过导电通道时会产生压降，使栅极与沟道中各点的压降不再相等，即沟道中产生横向电位梯度，使沟道呈楔形，靠近源极一端的沟道最厚，而漏极一端沟道最薄，如图 1-45(c) 所示，随着 U_{DS} 的增大，漏极端的沟道越来越薄，当 U_{DS} 增大到 $U_{GD} = U_{GS} - U_{DS} = U_T$ 时，沟道在漏极端出现预夹断，如图 1-45(d) 所示，再继续增大 U_{DS}，夹断点将向源极方向移动，形成夹断区，如图 1-45(e) 所示，此时，U_{DS} 的增加部分主要降落在夹断区，故 I_D 几乎不随 U_{DS} 增大而增加，I_D 趋于饱和。

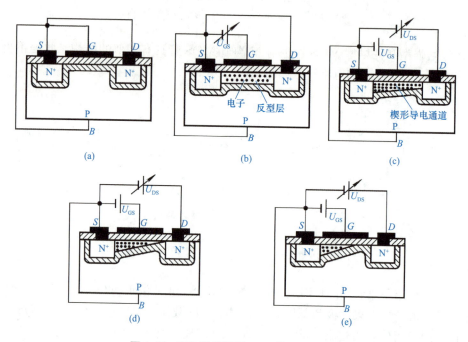

图 1-45　N 沟道增强型 MOS 管工作原理

(a) $U_{GS} = 0$，没有导电通道；(b) $U_{GS} \geq U_T$，出现 N 型导电通道；(c) $U_{GS} \geq U_T$，加 U_{DS} 形成楔形导电通道；
(d) $U_{GS} \geq U_T$，U_{DS} 较大时，出现预夹断；(e) $U_{GS} \geq U_T$，U_{DS} 继续增大，出现夹断区

3. N 沟道增强型 MOS 管的特性曲线

与双极型晶体管一样，MOS 管可用于放大电路和逻辑开关，为了更好地理解 MOS 管在电路中的应用，有必要了解其伏安特性曲线。下面以 N 沟道增强型 MOS 管为例介绍场效应管特性曲线。其分为输出特性曲线和转移特性曲线。

(1) 输出特性曲线。MOS 管输出特性曲线是指栅源电压 U_{GS} 一定时，漏极电流 I_D 与漏源电压 U_{DS} 的关系曲线，可用公式表示为

$$I_D = f(U_{DS}) \big|_{U_{GS} = 常数}$$

场效应管输出特性曲线与三极管输出特性曲线相似，也是一簇曲线，如图 1-46 所示。

夹断区：$U_{GS} < U_T$，导电沟道还没有形成，电流 $I_D \approx 0$。

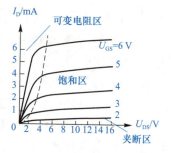

图 1-46　输出特性曲线

可变电阻区：对应预夹断前，$U_{GS}>U_T$，U_{DS}很小，$U_{GD}>U_T$ 的情况。

饱和区(恒流区)：对应预夹断后，$U_{GS}>U_T$，U_{DS}很大，$U_{GD}<U_T$ 的情况。

另外，除正常工作区外，当 U_{DS} 增大到一定 MOS 数值时，漏极电流 I_D 会突然增大，使 MOS 管进入击穿区，MOS 管会因为过热而损坏，所以使用时应注意防止 MOS 管被击穿。

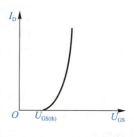

图 1-47 转移特性曲线

(2)转移特性曲线。MOS 管转移特性曲线是指漏源电压 U_{DS} 一定时，漏极电流 I_D 与栅源电压 U_{GS} 的关系曲线(图 1-47)，可用公式表示为

$$I_D=f(U_{GS})\big|_{U_{DS}=常数}$$

4. N 沟道耗尽型 MOS 管工作原理

由 N 沟道耗尽型 MOS 管的结构可知，当 $U_{GS}=0$ 时，就有 N 型导电沟道存在，此时只要加上正向电压 U_{DS}，就会有漏极电流 I_D 产生。若 $U_{GS}>0$，沟道进一步加宽，沟道电阻变小，在同样 U_{DS} 作用下，I_D 也会较大；若 $U_{GS}<0$，沟道会变窄，沟道电阻变大，I_D 减小，当负向电压 U_{GS} 增加到某一数值时，导电沟道被夹断，$I_D=0$。

任务实施

场效应晶体管的识别与检测

1. 目的

(1)了解场效应晶体管的类型、外观和相关标识。

(2)掌握用万用表识别场效应晶体管管脚的方法。

2. 设备与器件

场效应晶体管、万用表。

3. 预习要求

熟悉万用表的用法和场效应晶体管的分类。

4. 内容及步骤

(1)观察场效应晶体管外观，写出所用场效应晶体管的型号，并查阅资料完成表 1-7。

表 1-7 三极管的型号和参数

型号	管型	材料	主要参数

(2)结型场效应晶体管管脚识别与检测。

①管脚识别：将指针式万用表置于 $R\times 1\ k\Omega$ 挡，用两表笔分别测量每两个管脚之间的正、反向电阻。当某两个管脚之间的正、反向电阻相等，均为数千欧时，则这两个管脚为漏极 D 和源极 S(可互换)，余下的一个管脚即为栅极 G。对于有四个管脚的结型场效应晶体管，另外一极是屏蔽极，使用时需要接地。

②管型识别:用指针式万用表黑表笔触碰场效应晶体管的栅极,红表笔分别触碰另外两个电极。若两次测出的阻值都很小,则该管属于 N 沟道结型场效应晶体管;若两次测出的阻值都很大,则该管属于 P 沟道结型场效应晶体管。

制造工艺决定了场效应晶体管的源极和漏极是对称的,可以互换使用。但是如果衬底与源极连在一起,源极和漏极就不能互换使用。源极与漏极之间的电阻约为几千欧。

③场效应晶体管好坏检测:将指针式万用表置于 $R \times 100\ \Omega$ 挡,红表笔接源极 S,黑表笔接漏极 D,相当于给场效应晶体管加上 1.5 V 的电源电压,此时表针指示出的是 D 极与 S 极之间的电阻值,然后用手指捏栅极 G,将人体的感应电压作为输入信号加到栅极上。由于场效应晶体管的放大作用,U_{DS} 和 I_D 都将发生变化,也相当于 D 极与 S 极之间的电阻发生变化,可观察到表针有较大幅度的摆动。如果手捏栅极时表针摆动很小,说明场效应晶体管的放大能力较弱;若表针不动,说明场效应晶体管已经损坏。

(3)MOS 管管脚识别与检测。测量之前,先将人体对地短路后,才能摸触 MOS 管的管脚。最好在手腕上接一条导线与大地连通,使人体与大地保持等电位,再将管脚分开,然后拆掉导线。

管脚识别:将指针式万用表拨到 $R \times 100\ \Omega$ 挡,首先确定栅极,若某脚与其他脚的电阻都是无穷大,则证明此脚就是栅极 G。通常衬底与源极接在一起使用,交换表笔测量 S 极与 D 极之间的电阻值,应为几百欧至几千欧,其中阻值较小的那一次,黑表笔接的为 D 极,红表笔接的是 S 极。

📋 任务思考

参考 N 沟道 MOS 管工作原理,思考对于 P 沟道增强型 MOS 管,为了改变通道电阻,在其上加的栅源电压应是正向的还是反向的?对于 P 沟道耗尽型 MOS 管呢?

任务 1.4　船舶应用实例分析

🧰 任务目标

1. 知识目标
- 了解常用半导体器件在船舶中的应用实例。
- 掌握半导体二极管、三极管在电路中的基本应用。

2. 能力目标
- 能够判断二极管、三极管在简单电子电路中的作用。

📖 相关知识

1.4.1　散射型光电式感烟探测器

船舶火灾报警系统是船舶中的重要报警系统,该系统将燃烧产生的烟雾、热量、火焰等物理量,利用火灾探测器变成电信号,并传输到火灾报警控制器。船舶常用的探测器主要有感温、感烟和感火焰三种类型,而光电式感烟探测器是船舶上应用最广泛的感烟探测器。下面以散射型光电式感烟探测器(图1-48)为例,认识半导体二极管、晶体管在船舶光电检测中的应用。

散射型光电式感烟探测器由一个光源(发光二极管)和一个光敏元件(光敏二极管或光敏三极管)装置在小暗室里构成,散射型发光二极管和光敏元件设置的位置不相对,无烟雾时,光不能射到光敏元件上,电路维持正常状态;发生火灾有烟雾时,光通过烟雾颗粒散射到光敏元件上,经光敏元件将光信号转换成电信号,再经电路放大、处理后可驱动报警装置,发出火灾声光报警信号。

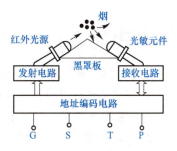

图1-48 散射型光电式感烟探测器原理

1.4.2 船舶辅锅炉无触点时序控制器

船舶辅锅炉是船舶动力装置的重要组成部分,在柴油机作为主机的船舶上,辅锅炉产生的蒸汽主要用于加热燃油、润滑油、水,以及提供各种生活用气。对于辅锅炉的起动和停止需按预先设定好的时间顺序进行自动控制,在其程序控制系统中,时序控制器是辅锅炉程序控制的核心部分,它主要根据起动信号发送器送出的电信号接通或断开电路,或根据规定的时间来接通或切断电路。无触点时序控制器是时序控制器的一种,其利用晶体管的开关特性,使晶体管工作在饱和或截止状态来控制继电器通电和断开,其工作原理如图1-49所示。

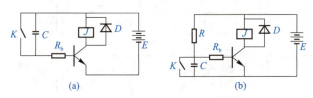

图1-49 船舶辅锅炉无触点时序控制器
(a)晶体管延时释放电路;(b)继电器延时通电电路

图1-49(a)所示为晶体管延时释放电路,当开关K闭合,电容C被旁路,晶体管饱和导通,继电器J通电动作。当开关K断开,电源E向电容充电,在一段时间内晶体管基极的充电电流较大,晶体管保持导通,继电器J保持通电。随着电容继续充电,电容两端电压不断升高,充电电流不断减小,晶体管集电极电流也减小,到达一定值后继电器J释放,实现了延时释放电路。

图1-49(b)所示为继电器延时通电电路,当开关K闭合,电容C被旁路,晶体管立即截止,继电器立即断电释放。当开关K断开,电源E向电容充电,在一段时间内充电电流较大,晶体管基极电流近似为零,之后随着电容C两端电压的升高,晶体管基极电流不断增大,经过一段延时后,基极电流增大到使晶体管导通,继电器J通电动作。

📖 任务实施

读识船舶反射式光电转速传感器原理(图1-50),指出图中红外发光二极管、光敏三极管的作用,并简要说明其工作原理。

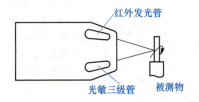

图1-50 反射式光电转速传感器原理

项目小结

1. PN结是构成电子器件的核心,其最主要的特性是单向导电性。

2. 将PN结的两端加上电极引线,并用外壳封装起来,就构成了半导体二极管;二极管常用的主要技术指标有两个:最大正向额定电流和反向耐压。

3. 检测二极管最常用的方法是用万用表测量PN结的正、反向电阻,根据测量结果可以判断二极管的管脚和质量好坏。

4. 晶体管有NPN型和PNP型两种类型,其是一种电流控制电流型器件,有截止、放大、饱和三个工作区,可用于放大电路和作为开关使用,学习时应注意晶体管工作在不同工作区的外部条件。

5. 场效应晶体管分为结型和绝缘栅型两种类型,每种类型均有N沟道和P沟道两种,而绝缘栅型场效应晶体管又分为增强型和耗尽型两种形式。

项目评价

评价项目	权重	考核内容	考核标准	分值	自评(25%)	互评(25%)	教师(50%)
学习态度	20%	出勤与纪律	旷课一次扣3分;迟到扣1分	10分			
		学习参与度	结合听讲、发言、讨论情况给分	10分			
理论+技能	60%	二极管的识别与检测	1. 能正确识读二极管上标识的型号,了解该二极管的用途	5分			
			2. 能从外观识别二极管的管脚	10分			
			3. 会用万用表对二极管进行正确测量,并对其质量做出评价	10分			
		晶体管的识别与检测	1. 能正确识读晶体管上标识的型号	10分			
			2. 能从外观识别晶体管的管脚	5分			
			3. 会用万用表对晶体管进行正确测量,并对其质量做出评价	10分			
			4. 能分析三极管在简单电路中的作用(放大还是开关)	10分			
项目报告	10%	实验报告	内容完整、格式标准、实验数据记录翔实准确	10分			
职业素养	10%		1. 注重文明、安全、规范操作; 2. 正确使用仪器设备; 3. 善于沟通协调,具有团队合作精神	10分			
总成绩							

练习与思考

一、填空

1. 电子电路中常用的半导体器件有二极管、稳压管、晶体管等,制造这些器材的主要材料是半导体,如_____和_____等。

2. 纯净的具有晶体结构的半导体称为_____,它的导电能力很差。掺有少量其他元素的半导体称为_____。

3. 半导体中存在两种载流子:_____和_____。

4. 杂质半导体分为两种:_____型半导体和_____型半导体。

5. 在本征半导体中加入_____价元素可形成 N 型半导体,加入_____价元素可形成 P 型半导体。

6. 当把 P 型半导体和 N 型半导体结合在一起时,在两者的交界处形成_____,这是制造半导体器件的基础。

7. 二极管最主要的特性是_____。

8. 半导体二极管工作在_____区时,即使流过二极管的电流变化很大,二极管两端的电压变化也很小,利用这种特性可以做成_____二极管。

9. 一般硅二极管的死区电压为_____V,锗二极管的死区电压为_____V。

10. 二极管的正向电压变化范围很小,硅二极管的正向导通电压常取_____V;锗二极管的正向导通电压常取_____V。

11. 用万用表测二极管的正、反向电阻时,如果阻值都很小或者为零,说明这个二极管_____;如果阻值都很大,说明这个二极管_____。

12. 双极型晶体管有两个互相影响的 PN 结,它们是_____和_____;三个区域分别是_____、_____和_____;相应地引出三个电极,分别是_____、_____和_____。

13. 晶体管_____电流等于_____与_____电流之和。当工作在放大状态时,I_B 与 I_C 的关系为_____。

14. PNP 型晶体三极管处于放大状态时,在三个电极中_____极电位最高。

15. 场效应晶体管属于_____控制型器件,而双极型晶体管是_____控制型器件。

16. 场效应晶体管从结构上可分为_____和_____。从半导体导电沟道类型上可分为_____和_____。

二、选择

1. 在 P 型半导体中,多数载流子是(   )。
   A. 电子
   B. 空穴
   C. 离子
   D. 杂质

2. 本征半导体温度升高后,(   )。
   A. 自由电子增多,空穴数基本不变
   B. 空穴数增多,自由电子数基本不变
   C. 自由电子数和空穴数都增多,且数目相同
   D. 自由电子数和空穴数都不变

3. 在杂质半导体中，多数载流子的浓度主要取决于(   )。
   A. 温度 B. 掺杂工艺
   C. 杂质浓度 D. 晶体缺陷
4. 当PN结外加正向电压时，P区接电源(   )极，N区接电源(   )极。
   A. 正、负 B. 负、正
   C. 无法确定 D. 正、正
5. PN结加正向电压时，空间电荷区将(   )。
   A. 变窄 B. 基本不变
   C. 变宽 D. 无法确定
6. 二极管的主要特性是(   )。
   A. 放大特性 B. 恒温特性
   C. 单向导电特性 D. 恒流特性
7. 下面哪一种情况二极管的单向导电性好(   )。
   A. 正向电阻小，反向电阻大 B. 正向电阻大，反向电阻小
   C. 正向电阻与反向电阻都小 D. 正向电阻与反向电阻都大
8. 硅二极管的正向导通压降比锗二极管的(   )。
   A. 大 B. 小
   C. 相等 D. 不能确定
9. 如果把一个二极管直接同一个电动势为1.5 V、内阻为0的电池正向连接，则该管(   )。
   A. 击穿 B. 电流为0
   C. 电流过大使二极管烧坏 D. 正常导通
10. 晶体管能够实现放大的内部结构条件是(   )。
    A. 两个背靠背的PN结
    B. 空穴和电子都参与了导电
    C. 有三个掺杂浓度不一样的区域
    D. 发射区杂质浓度远大于基区杂质浓度，且基区很薄，集电结面积比发射结大
11. 随着温度的升高，晶体三极管的(   )将减小。
    A. β B. V_{BE}
    C. I_{CBO} D. I_{CEO}
12. 晶体管能够实现放大的外部条件是(   )。
    A. 发射结正偏，集电结正偏 B. 发射结正偏，集电结反偏
    C. 发射结反偏，集电结正偏 D. 发射结反偏，集电结反偏
13. 晶体三极管工作在饱和区时，要求(   )。
    A. 发射结正偏，集电结反偏 B. 发射结正偏，集电结正偏
    C. 发射结反偏，集电结反偏 D. 发射结反偏，集电结正偏
14. 要求晶体管工作在放大区，若是NPN晶体管，则三个电极电位V_B、V_E、V_C之间应满足何种关系？(   )
    A. $V_C>V_B>V_E$ B. $V_C>V_E>V_B$
    C. $V_C<V_B<V_E$ D. $V_C<V_E<V_B$

15. 测得三极管 $I_B=20\ \mu A$ 时，$I_C=2.4\ mA$，而 $I_B=30\ \mu A$ 时，$I_C=3.2\ mA$，则该管的交流电流放大倍数为（　　）。
   A. 80　　　　　　　　　　　B. 60
   C. 75　　　　　　　　　　　D. 100

16. 有一 NPN 型晶体管接在放大电路中，今测得它的各极对地电位分别为 $V_1=2\ V$，$V_2=2.7\ V$，$V_3=6\ V$，试判别晶体管的三个管脚分别是（　　）。
   A. 1：e，2：b，3：c　　　　B. 1：c，2：e，3：b
   C. 1：c，2：b，3：e　　　　D. 其他情况

三、判断

（　）1. 因为 N 型半导体的多子是自由电子，所以它带负电。

（　）2. 在 P 型半导体中如果掺入足够量的五价元素，可将其改型为 N 型半导体。

（　）3. 二极管稳压电路一般由稳压二极管（反向接法）和负载并联而得到。

（　）4. 当二极管的外加反向电压增加到一定值时，反向电流急剧增加（反向击穿），所以二极管不能工作在反向击穿区。

（　）5. 未加外部电压时，PN 结中电流从 P 区流向 N 区。

四、计算分析

1. 电路如图 1-51 所示，已知 $u_i=10\ \sin\omega t\ (V)$，试绘出 u_i 与 u_o 的波形（设二极管导通电压可忽略不计）。

2. 图 1-52 所示电路中，$U_{i1}=3\ V$，$U_{i2}=0.3\ V$，二极管导通电压 $U_D=0.7\ V$，求电路的输出电压。

3. 设图 1-53 所示电路中，二极管为理想二极管，分别判断两电路中各二极管是导通还是截止？电路的输出电压是多少？

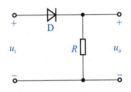

图 1-51　计算分析第 1 题

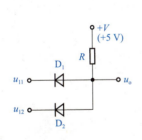

图 1-52　计算分析第 2 题

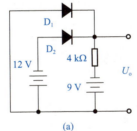

图 1-53　计算分析第 3 题

4. 从图 1-54 所示各三极管电极上测得的对地电压数据中，分析各管的类型及其电路中所处的工作状态。

（1）是 NPN 型还是 PNP 型？

（2）是处于放大、截止或饱和状态中的哪一种？或是已经损坏？（指出哪个结已损坏，是烧断还是短路？）

提示：注意在放大区，硅管 $|U_{BE}|\approx 0.7\ V$，锗管 $|U_{BE}|\approx 0.3\ V$，且 $|U_{CE}|>0.7\ V$；而处于饱和区时，$|U_{CE}|\leqslant 0.7\ V$。

(3) 是锗管还是硅管？

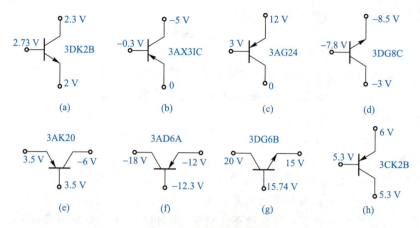

图 1-54　计算分析第 4 题

项目2　小信号放大与信号处理电路装接与测试

📋 项目描述

在船舶各种监测报警系统中，常用各种类型的传感器感受被测量，如温度、压力、流量等，并按照一定规律将这些量转化为与之对应的、有确定关系的有用信号（通常为电信号），然而转化后的电信号一般都很小，不足以驱动负载。因此，在得到这个小信号后，首先要做的第一件事就是对它们进行放大及处理。通常可以在船舶以下系统中找到小信号放大和信号处理应用：

- 音频信号放大电路。
- 电压和电流调节器。
- A/D 和 D/A 转换器。
- 电机的伺服放大器。
- 陀螺罗经。
- 机舱、甲板报警系统。
- 各种传感器信号采集与处理系统。
- 电气保护系统。

📋 项目分析

本项目从放大的概念和放大电路的主要性能指标入手，学习晶体管构成的基本放大电路及其电路分析，基本放大电路的装接与测试，集成运放，集成运放应用、反馈，滤波器，并举例介绍小信号放大与信号处理电路在船舶实际电路中的应用。本项目是本书学习的重点和难点。

🧰 相关知识和技能

1. 放大的概念和放大电路的主要性能指标。
2. 共发射极放大电路及其电路分析。
3. 共发射极放大电路静态工作点的调试方法，电压放大倍数、输入电阻、输出电阻的测试方法。
4. 多级放大电路及其耦合方式。
5. 差动放大电路。
6. 示波器、信号发生器等电子仪器的使用。
7. 集成运放及其应用。
8. 负反馈的概念、类型、判断及其对电路的影响。
9. 滤波器。

任务 2.1　放大的概念和放大电路的性能指标

🧰 任务目标

1. 知识目标
- 了解放大的概念和放大电路的主要性能指标。
- 掌握示波器、信号发生器等常用电子仪器的使用方法。

2. 能力目标
- 能正确使用示波器和信号发生器。

📖 知识准备

2.1.1　放大的基本概念

所谓放大是指能够将微弱的电信号不失真地放大到所需要的数值。一般情况下指既能放大电压又能放大电流，或者即使不同时对电压、电流信号进行放大，也要使放大后信号的能量比放大前大。

放大的实质是实现能量的控制和转换，在一个能量较小的输入信号的作用下，放大电路利用直流电源提供的能量将其转换成较大的能量输出，驱动负载工作。能够实现放大功能的电子线路叫作放大电路，也叫作放大器，构成放大器的核心器件是晶体管。

2.1.2　放大电路模型和主要参数

放大电路的具体构成形式多种多样，但它们都可以用一个统一的结构示意图来表示（图 2-1）。

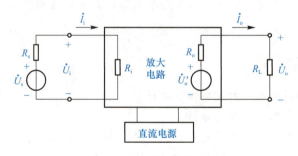

图 2-1　放大电路结构示意图

任何一个放大电路都可以看作是一个两端网络，左边为输入端口，外接正弦信号源 $\dot{U}_s$，R_s 为信号源内阻，在外加信号的作用下，放大电路得到输入电压 $\dot{U}_i$，同时产生输入电流 $\dot{I}_i$；右边为输出端口，输出电压为 $\dot{U}_o$，输出电流为 $\dot{I}_o$，R_L 为负载电阻。

衡量放大电路质量的主要性能指标是放大倍数、输入电阻、输出电阻和通频带等。

1. 放大倍数

放大倍数也称放大增益,是直接衡量放大电路放大能力的重要指标。它定义为输出信号与输入信号的比值。对于小功率放大电路,人们常常只关心单一指标的放大,此时讨论的放大倍数主要是电压放大倍数与电流放大倍数。

(1) 电压放大倍数 $\dot{A}_u$(电压增益)。电压放大倍数 $\dot{A}_u$ 是指放大电路输出电压 $\dot{U}_o$(负载上得到的电压)与输入电压 $\dot{U}_i$ 之比。

$$\dot{A}_u = \frac{\dot{U}_o}{\dot{U}_i} \tag{2-1}$$

信号源电压放大倍数 $\dot{A}_{us}$ 是指放大电路输出电压 $\dot{U}_o$ 与信号源开路电压 $\dot{U}_s$ 之比。

$$\dot{A}_{us} = \frac{\dot{U}_o}{\dot{U}_s} \tag{2-2}$$

在工程中,为了便于使用,电压放大倍数常用分贝(dB)表示,表示为

$$\dot{A}_u(\text{dB}) = 20\lg|\dot{A}_u| \text{ dB} \tag{2-3}$$

例如,某放大电路的放大倍数 $\dot{A}_u = 100$,也可以表示为增益(放大)40 dB。

(2) 电流放大倍数 $\dot{A}_i$(电流增益)。电流放大倍数 $\dot{A}_i$ 是指放大电路输出电流 $\dot{I}_o$ 与输入电流 $\dot{I}_i$ 之比。

$$\dot{A}_i = \frac{\dot{I}_o}{\dot{I}_i} \tag{2-4}$$

对小信号的放大电路中,人们往往最关心的是电压增益 $\dot{A}_u$。

2. 输入电阻

输入电阻是放大电路从输入端看进去的等效电阻。定义为输入电压有效值 U_i 和输入电流有效值 I_i 之比,即

$$R_i = \frac{U_i}{I_i} \tag{2-5}$$

R_i 的大小将影响放大电路从信号源 $\dot{U}_s$ 获得输入电压 $\dot{U}_i$ 的大小。从图 2-1 中可以看出,在输入回路中,$\dot{U}_i$ 和 $\dot{U}_s$ 的关系为

$$\dot{U}_i = \frac{R_i}{R_i + R_s} \dot{U}_s \tag{2-6}$$

可以看出,当 $\dot{U}_s$、R_s 一定时,R_i 越大,$\dot{U}_i$ 越大,越接近 $\dot{U}_s$,当 $R_i \gg R_s$ 时,$\dot{U}_i \approx \dot{U}_s$。输入电阻表明了放大电路从信号源获取信号能力的大小,所以,如果想让放大电路从信号源获得较大的输入电压,则需要输入的电阻越大越好。

3. 输出电阻

输出电阻是放大电路从输出端看进去的等效电阻(图 2-2)。对于放大电路,输出电阻定义为:将信号

图 2-2 放大电路的输出电阻

源短路 $\dot{U}_s=0$，但保留内阻 R_s，负载 R_L 开路（$R_L\rightarrow\infty$），在放大电路输出端外加等效电压 $\dot{U}_o$，使其产生相应的电流 $\dot{I}_o$，则 $\dot{U}_o$ 与 $\dot{I}_o$ 的比值即为输出电阻 R_o。

$$\dot{R}_o=\frac{\dot{U}_o}{\dot{I}_o}\bigg|_{\substack{\dot{U}_s=0\\R_L\rightarrow\infty}}$$

在实际工作中，也可以结合图 2-1，测得放大电路空载时输出电压有效值 U'_o 和带负载 R_L 时的输出电压有效值 U_o，求输出电阻 R_o。

$$R_o=\frac{U'_o-U_o}{\dfrac{U_o}{R_L}}=\left(\frac{U'_o}{U_o}-1\right)R_L \tag{2-7}$$

同时也可以得到

$$U_o=\frac{R_L}{R_o+R_L}U'_o \tag{2-8}$$

从上式可以看出，当 U'_o、R_L 一定时，R_o 越小，则负载 R_L 两端的电压 U_o 越大；反之，R_o 越大，则负载 R_L 两端的电压 U_o 越小。所以，输出电阻 R_o 反映了放大电路带负载的能力，输出电阻 R_o 越小，放大电路带负载能力越强。

4. 通频带

通频带用于衡量放大电路对不同频率信号的适应能力。在实际电路中，放大电路的输入信号往往不是单一频率，对于不同频率，放大电路的放大倍数是不同的。在一定频率范围内，放大电路的电压放大倍数基本保持不变，此时的电压放大倍数叫作中频放大倍数，用 $|\dot{A}_{um}|$ 表示，但当输入信号频率较低或较高时，放大电路的电压放大倍数将下降，当电压放大倍数下降到 $|\dot{A}_{um}|/\sqrt{2}$（即 $0.707|\dot{A}_{um}|$）时，高频段所对应的频率称为上限截止频率 f_H，低频段所对应的频率称为下限截止频率 f_L，f_H 和 f_L 之间的频率范围称为通频带，记为 f_{BW}（图 2-3）。

$$f_{BW}=f_H-f_L$$

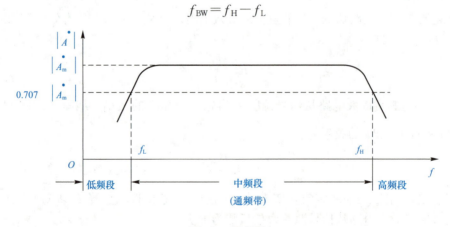

图 2-3　通频带

一个放大电路并不是在任何频率下都可以正常工作的。通常，一个放大电路只适用于放大一定频率范围的信号。

任务实施

电子仪器的使用

1. 目的

(1)认识模拟电子技术实验常用电子仪器。

(2)初步掌握常用电子仪器的正确使用方法。

2. 设备与器件

函数信号发生器、双踪示波器、交流数字毫伏表、直流稳压电源、频率计、电子技术实验台、屏蔽线。

3. 预习要求

查找并了解示波器、信号发生器的相关内容。

4. 内容及步骤

(1)函数信号发生器。函数信号发生器是一种能够产生多种波形的信号发生器，它可以输出正弦波、方波等波形，输出信号的电压大小和频率大小可调，是一种用途广泛的常用仪器。下面以 TH-SG10 型数字合成信号发生器为例来了解和学习函数信号发生器的使用（图 2-4）。

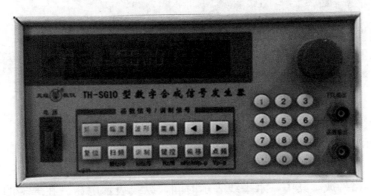

图 2-4　TH-SG10 型数字合成信号发生器

①认识面板操作键及其功能。

电源开关：电源开关按键弹出即为"关"位置，按下电源开关，接通电源。

LED 显示窗口：显示输出信号参数信息。

数字键区：根据参数要求选择相应的数字并按下。

调节旋钮：调节此旋钮改变输出信号频率，顺时针旋转，频率增大；逆时针旋转，频率减小。

菜单选择区：具有设置输出函数信号波形、频率、幅度、调频、FSK、PSK 等信号的功能。

波形输出端口：如果输出波形是方波或正弦波，利用屏蔽线从下面端口输出；如果输出波形是 TTL 波，利用屏蔽线从上面端口输出。

②练习设置输出"峰-峰值为 10 mV，1 kHz"的正弦波信号，步骤如下：

a. 打开信号发生器电源。

b. 按下"频率"键，从右侧数字键区按下"1"，再按下单位按键"调制/kHz/s"，此时，屏幕显示"1 kHz"。

c. 按下"幅度"键，由右侧数码键盘输入"1、0"，按下单位按键"偏移/mHz/mV$_{P-P}$"，此时，屏幕显示"10 mV$_{P-P}$"。

d. 按下"波形"键，选择输出正弦波，此时，屏幕显示为正弦波形符号。

注意：信号发生器输出幅度为电压的峰-峰值，而不是有效值。另外，函数信号发生器作为信号源，其输出端不允许短路。

（2）示波器。示波器是一种用途很广的电子测量仪器，它既能直接显示电信号波形，又能对电信号的幅度、周期、频率等参数进行测量。下面以 DS1000 型示波器（图 2-5）为例，来认识和学习示波器的使用。

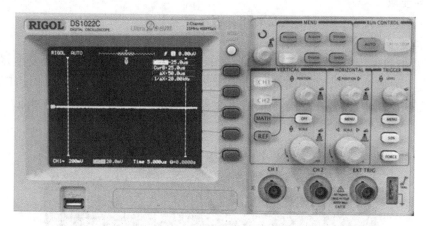

图 2-5　DS1000 型示波器面板操作说明

DS1022C 示波器面板操作键及其功能如下：

①显示屏。显示屏是用来直观显示被测信号的。示波器屏幕由一组水平直线和一组垂直直线构成的网格构成，其中，水平线表示时间，纵线表示电压。在屏幕的正中央有一个十字架形状的坐标刻度线，将每个小方格的坐标从纵、横方向各分成 5 等分，有利于减小读数时的误差。

②RUN/STOP（运行/停止按键）。该按键允许示波器持续地采集显示数据或停止采集数据。当工作在 RUN 模式时，示波器屏幕将不断地更新数据；当工作在 STOP 模式时，示波器不再采集数据，屏幕一直显示最后一次的采集信息。

③AUTO（自动扫描方式）。当无触发信号输入时，屏幕上显示扫描基线；当有信号输入时，电路自动转换为触发扫描状态，屏幕自动显示被输入信号当前状态。此方式适用于观察频率为 50 Hz 以上的信号。

④POSITION 旋钮（水平位置、垂直位置控制旋钮）。适当调节垂直（↑↓）、水平（⇆）"位移"旋钮，可改变波形在示波器屏幕上的显示位置。

⑤SCALE 旋钮（水平刻度、垂直刻度控制旋钮）。适当调节可改变波形在示波器屏幕上的显示比例。水平刻度旋钮用以调节示波器显示屏上每一横格所代表的时间值，可以实现信号的水平缩放；垂直刻度旋钮用以调节示波器显示屏上每一纵格所代表的电压值，可以实现信号在纵向进行缩放。

⑥CH1、CH2(信号输入通道)。信号从 CH1(X)、CH2(Y)通道输入，使用专用传输线，示波器屏幕可以同时显示这两路信号。

(3)交流毫伏表。交流毫伏表如图 2-6 所示，只能在其工作频率范围内测量正弦交流电压的有效值。

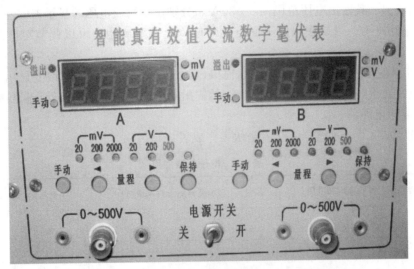

图 2-6　交流毫伏表

使用方法：

①先将电源开关打开，为了防止过载而损坏，测量前一般先将量程开关置于量程较大位置上，然后在测量中逐挡减小量程。

②将待测信号用导线插入"0～500 V"下端两侧插孔，或者用屏蔽线插入"0～500 V"下端中间插孔。

(4)直流稳压电源。直流稳压电源面板如图 2-7 所示。

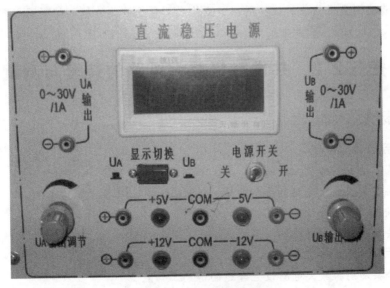

图 2-7　直流稳压电源面板

直流稳压电源的使用方法如下：

①固定输出。直流稳压电源有+5 V、+12 V、-5 V、-12 V四个固定电压输出值，若需要将此值直接接入电路，应将对应电压的高电位端即红色插孔端直接接入电路，黑色插孔端为公共端(COM)，一定要接地。

②可调输出。其输出电压范围为0～30 V，分别位于直流电压源显示器的左右两侧，称为U_A、U_B输出。U_A、U_B输出的下面分别对应一个调节旋钮，可以调节对应的输出电压大小。

③显示。U_A、U_B输出只有一个显示窗口，通过显示切换按钮可以改变显示窗口的电压值。显示切换处于高位置时，显示的是U_A的输出电压值，当显示切换处于低位置时，显示的是U_B的输出电压值。

利用信号发生器、示波器、交流毫伏表完成表2-1。

表2-1　电子仪器使用

信号发生器的频率和电压	示波器测量频率值/Hz	交流毫伏表读数/mV
100 Hz　30 mv(正弦波)		
1 kHZ　35 mv(正弦波)		
10 kHZ　40 mv(正弦波)		
100 kHZ 45 mv(正弦波)		

⌨ **任务思考**

1. 放大电路的主要性能指标有哪些？为什么学习放大电路时，用正弦波信号作为电路的信号源？

2. 用示波器测量正弦波的值和用交流毫伏表测量正弦波的值有何不同？

任务2.2　共发射极放大电路的装接与测试

🧰 **任务目标**

1. 知识目标

- 认识基本共发射极放大电路。
- 掌握共发射极放大电路的分析方法。
- 了解静态工作点对放大电路性能的影响。
- 掌握共发射极放大电路的特点。

2. 能力目标

- 能够给共发射极放大电路设置合适的静态工作点。
- 能够测试共发射极放大电路电压放大倍数、输入电阻、输出电阻。

知识准备

2.2.1 基本共发射极放大电路

由一个晶体管组成的放大电路,称为单管放大电路,它是最基本的放大电路,下面以共发射极放大电路为例介绍放大电路的组成和工作原理。

1. 组成和各元件作用

基本共发射极放大电路如图 2-8 所示。

VT 是 NPN 型晶体管,它是整个放大电路的核心器件,具有电流放大作用。在工作中需保证其发射结正偏;集电结反偏。

V_{CC} 直流电源:一方面通过合适的 R_B、R_C 给晶体管提供偏置电压,保证晶体管发射结正偏、集电结反偏;另一方面,为放大提供能量,一般在几伏到十几伏之间。

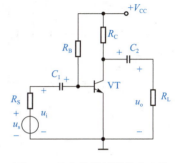

图 2-8 基本共发射极放大电路

R_B 基极偏置电阻:它和电源 V_{CC} 一起,给发射结提供正偏电压通路,同时给基极提供一个合适的偏置电流 I_B,阻值一般为几十千欧到几百千欧。

R_C 集电极电阻:它和电源 V_{CC} 一起,给集电结提供反偏电压,同时将集电极的电流变化转换为电压变化,阻值一般为几千欧。

C_1、C_2 耦合电容:起隔直通交的作用,它把信号源与放大电路之间、放大电路与负载之间的直流隔开。C_1、C_2 容量较大,一般采用 10~50 μF 的电解电容,使用时应注意电解电容的极性,电容正极接高电位,电容负极接低电位。

2. 电路工作原理

电流、电压的使用符号如下:

只有直流电时:用大写字母表示变量和下标,如 U_{BE}、U_{CE}、I_B、I_C 等。

只有交流电时:用小写字母表示变量和下标,如 u_{be}、u_{ce}、i_b、i_c 等。

既有直流又有交流时:用小写字母表示变量,用大写字母表示下标,如 u_{BE}、u_{CE}、i_B、i_C 等。

对于放大电路而言,电路中既有待放大的交流信号 u_s,又有直流电源 V_{CC},所以,电路中的电压和电流既有交流量,也有直流量,是交、直流的叠加。

当电路没有加输入信号 u_i 时,放大电路只有直流电源 V_{CC} 供电,电路中各处电压、电流都是直流,放大电路的这种工作状态称为静态。静态时,晶体管具有固定的 I_B、I_C、U_{BE}、U_{CE} 值,它们对应晶体管输入、输出特性曲线上的一个点,称为静态工作点,用"Q"表示。静态时,晶体管的参数习惯用 I_{BQ}、I_{CQ}、U_{BEQ}、U_{CEQ} 表示。

当待被放大的交流信号 u_i 加入放大电路后,电路中既有直流量又有交流量,是交、直流的叠加。u_i 通过电容 C_1 加到晶体管的发射结,必将使基极电流 i_B 在静态值 I_{BQ} 的基础上叠加一个动态的基极电流 i_b,即 $i_B = I_{BQ} + i_b$。经过晶体管放大,集电极上也将在静态的基础上叠加一交流量,即 $i_C = I_{CQ} + i_c = I_{CQ} + \beta i_b$,由于电路中 $u_{CE} = V_{CC} - i_C R_C$,所以,集电结

电流 i_C 的变化通过集电极电阻转化成电压 u_{CE} 的变化，u_{CE} 经过电容 C_2 后，滤掉直流成分，只有交流成分 u_{ce} 输出，即为输出交流电压 u_o，如果电路参数选择适当的话，u_o 的幅度将比 u_i 大得多，这样就实现了电压的放大（图 2-9）。

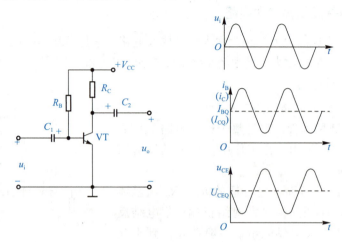

图 2-9 放大电路的工作情况

在放大电路中，交流和直流是并存的，但两种信号的作用不同，交流信号是待放大信号，而直流信号（静态）是基础，是放大电路能够放大交流信号的前提，其作用是保证晶体管工作在放大状态，并为晶体管提供合适的静态工作点，以保证晶体管在整个放大过程中始终处于放大区，从而使放大电路能够将微弱的交流信号不失真地放大。

3. 电路分析

分析放大电路就是在理解放大电路工作原理的基础上求解静态工作点和各项动态参数。

一般情况下，在放大电路中直流量（静态电流与电压）和交流信号（动态电流与电压）总是共存的。但是，由于电容、电感等电抗元件的存在，直流量所流经的通路与交流信号所流经的通路是不完全相同的。因此，为了研究问题方便，常利用叠加原理，把直流电源对电路的作用和输入信号（交流）对电路的作用区分开来，分成直流通路和交流通路。

半导体基础知识

（1）直流通路和直流分析。直流通路是在直流电源作用下直流电流流经的通路，用于研究静态工作点。

①直流通路的画法。画直流通路可根据以下原则：

a. 电容对直流量的电抗为无穷大，可视为开路；

b. 电感线圈的直流电阻非常小，可视为短路；

c. 交流信号源视为短路，但保留其内阻；

d. 电路中其他元件保持不变。

根据以上原则画出基本共射极放大电路的直流通路如图 2-10 所示。

②直流分析。对放大电路的直流分析也称为静态分析，主要利用直流通路计算静态工作点（I_{BQ}、I_{CQ}、U_{BEQ}、U_{CEQ}）。通过对基本共发射极放大电路静态分析，可得其静态工作点为

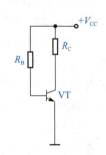

图 2-10 基本共发射极放大电路直流通路

$$I_{BQ} = \frac{V_{CC} - U_{BEQ}}{R_B} \approx \frac{V_{CC}}{R_B} \quad (2\text{-}9)$$

$$I_{CQ} = \beta I_{BQ} \quad (2\text{-}10)$$

$$U_{CEQ} = V_{CC} - I_{CQ} R_C \quad (2\text{-}11)$$

晶体管工作在放大状态时，U_{BEQ} 变化范围很小，一般情况下，对于硅管，$U_{BEQ} = 0.7$ V；对于锗管，$U_{BEQ} = 0.3$ V。当 $V_{CC} \gg U_{BEQ}$ 时，U_{BEQ} 可忽略。

③静态工作点与放大电路的失真。在放大电路中，静态工作点 Q 设置的位置不同，将会对电路的交流工作状态产生不同的影响。因此，静态工作点 Q 的设置要恰当，一般选在晶体管特性曲线放大区中间区域，远离饱和区和截止区，如图 2-11(a) 所示。这样可以保证加上交流信号后，晶体管在整个周期始终工作在放大区，可以使输出交流信号放大幅度在正、负两个方向都可以达到最大，从而使电路达到最大的不失真输出电压范围。

如果电路中集电极电流 I_C 过小，静态工作点 Q 设置过低，如图 2-11(b) 所示。此时加上交流信号后，电流一旦变小，晶体管就容易离开放大区，工作到截止区，出现截止失真。对于 NPN 型晶体管，输出电压波形的顶部将出现失真。

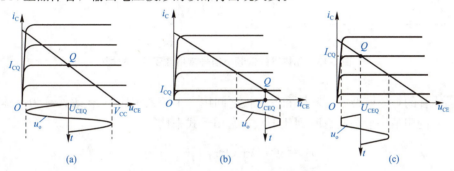

图 2-11　静态工作点与放大电路的失真
(a)静态工作点 Q 合适；(b)截止失真；(c)饱和失真

如果电路中集电极电流 I_C 过大，静态工作点 Q 设置过高，如图 2-11(c) 所示。此时加上交流信号后，电流一旦变大，晶体管就容易离开放大区，工作到饱和区，出现饱和失真。对于 NPN 型晶体管，输出电压波形的底部将出现失真。

(2)交流通路和交流分析。交流通路是输入信号作用下交流信号流经的通路，用于研究动态参数。

①交流通路的画法。画交流通路可根据以下原则：

a. 对于大容量电容，其对交流信号的容抗可忽略不计，视为短路；

b. 理想直流电源 V_{CC} 对地短路；

c. 电路中其他元件保持不变。

根据以上原则，画出的基本共发射极放大电路的交流通路如图 2-12 所示。

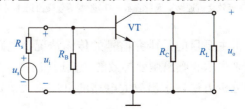

图 2-12　基本共发射极放大电路交流通路

②晶体管的低频小信号微变等效模型。晶体管是一个非线性元件，含有晶体管的放大电路是一个非线性电路，而分析非线性电路较为复杂。为了寻求更为有效的分析方法，提出了微变等效电路分析法。其指导思想是，在放大电路输入信号很小（微变）时，晶体管在小范围内的输入、输出特性曲线可近似用直线来代替，即在一个很小的范围内，可认为晶体管的电压与电流变化量之间的关系是线性的，这样就可以给晶体管建立一个小信号的线性模型，用等效的线性电路代替晶体管。将晶体管这个非线性元件进行线性化处理后，含有非线性元件晶体管的放大电路就可以被转化为人们熟悉的线性电路来分析。

晶体管的低频小信号常用微变等效模型如图 2-13 所示。

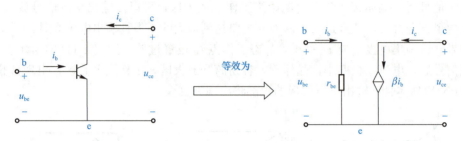

图 2-13　晶体管的低频小信号常用微变等效模型

在晶体管的等效模型中，基极和发射极之间用一个等效电阻 r_{be} 代表，称为晶体管的输入电阻，r_{be} 的阻值一般为几百欧到几千欧，常用下式来估算：

$$r_{be} = 300\ \Omega + (1+\beta)\frac{26\ \text{mV}}{I_{EQ}(\text{mA})} \tag{2-12}$$

晶体管的集电极和发射极之间等效为一个受控电流源 βi_b，控制量为基极电流 i_b，被控制量为集电极电流 i_c，且 $i_c = \beta i_b$。当 i_b 的大小和方向改变时，受控电流源 βi_b 的大小和方向也随之发生改变。

③微变等效交流通路。在交流通路（图 2-12）的基础上，用晶体管的微变等效模型替换原来的晶体管，就得到了放大电路的微变等效交流通路，基本共发射极放大电路的微变等效交流通路如图 2-14 所示。

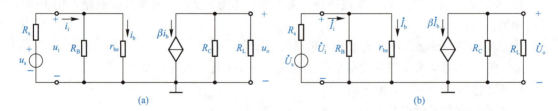

图 2-14　微变等效交流通路
(a)微变等效交流通路交流量表示；(b)微变等效交流通路向量表示

④动态分析。动态分析主要目的是研究信号的传输情况，电路中电流、电压均为交流小信号，故用向量的形式来表示。画出微变等效的交流通路后标出电流和电压的参考方向，就可以用求解线性电路的分析方法，求出放大电路的电压放大倍数、输入电阻、输出电阻等性能指标。

a. 电压放大倍数：

$$\dot{A}_\mathrm{u} = \frac{\dot{U}_\mathrm{o}}{\dot{U}_\mathrm{i}} = \frac{-\dot{I}_\mathrm{c}(R_\mathrm{c}/\!/R_\mathrm{L})}{\dot{I}_\mathrm{b} r_\mathrm{be}} = -\frac{\beta R'_\mathrm{L}}{r_\mathrm{be}} \tag{2-13}$$

式(2-13)中，$R'_\mathrm{L} = R_\mathrm{C}/\!/R_\mathrm{L}$，负号表示在基本共发射极放大电路中输出电压与输入电压的相位相反。断开负载，空载时($R_\mathrm{L} \to \infty$)的电压放大倍数为

$$\dot{A}_\mathrm{u} = \frac{\dot{U}_\mathrm{o}}{\dot{U}_\mathrm{i}} = -\frac{\beta R_\mathrm{C}}{r_\mathrm{be}} \tag{2-14}$$

b. 输入电阻：

$$R_\mathrm{i} = \frac{\dot{U}_\mathrm{i}}{\dot{I}_\mathrm{i}} = R_\mathrm{B}/\!/r_\mathrm{be} \tag{2-15}$$

输入电阻为从输入端看进去的等效电阻，通常基极电阻 R_B 在几十千欧至几百千欧之间，r_be 在几百欧至几千欧之间，两者相比前者要大得多，所以，一般可以将 R_B 忽略不计，认为 $R_\mathrm{i} \approx r_\mathrm{be}$。

c. 输出电阻：按照输出电阻的计算方法，将图 2-14(b)中的信号源短路($\dot{U}_\mathrm{s}=0$，则 $\dot{I}_\mathrm{b}=0$，$\dot{I}_\mathrm{c}=\beta \dot{I}_\mathrm{b}=0$，受控电流源所在的 ce 支路电流为 0，相当于开路)，保留 R_S，断开负载 R_L。求解电路输出电阻的等效电路如图 2-15 所示。

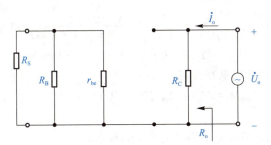

图 2-15　求解基本共发射极放大电路输出电阻

$$R_\mathrm{o} = \left.\frac{\dot{U}_\mathrm{o}}{\dot{I}_\mathrm{o}}\right|_{\substack{\dot{U}_\mathrm{s}=0 \\ R_\mathrm{L} \to \infty}} = R_\mathrm{C} \tag{2-16}$$

【例 2-1】　发射极接有电阻的共发射极放大电路如图 2-16 所示，电容 C_1、C_2、C_e 容量很大，可认为交流短路，晶体管为硅管，$R_\mathrm{b}=300$ kΩ，$R_\mathrm{c}=4$ kΩ，$R_\mathrm{e}=1$ kΩ，$R_\mathrm{L}=4$ kΩ，$V_\mathrm{CC}=12$ V，$\beta=50$。

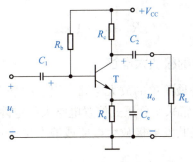

图 2-16　例 2-1 图

(1) 画出直流通路，求静态工作点。

(2) 画出微变等效的交流通路，求电路的电压放大倍数、输入电阻和输出电阻。

解：(1) 画出的直流通路如图 2-17(a) 所示。

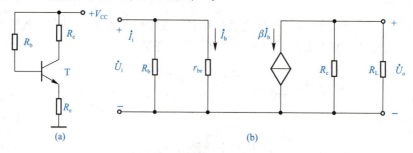

图 2-17　直流通路和微变等效交流道路

(a) 直流通路；(b) 微变等效交流通路

求解静态工作点：

$$U_{BEQ} \approx 0.7 \text{ V}$$

由直流通路的输入回路列电压方程，注意 R_b、R_e 上的电流不同。

$$V_{CC} = I_{BQ}R_b + U_{BEQ} + I_{EQ}R_e$$

因为，$I_{EQ} = (1+\beta)I_{BQ}$，所以可得

$$I_{BQ} = \frac{V_{CC} - U_{BEQ}}{R_b + (1+\beta)R_e} = \frac{12 \text{ V} - 0.7 \text{ V}}{300 \text{ k}\Omega + (1+50) \times 1 \text{ k}\Omega} = 32.2 \text{ μA}$$

$$I_{CQ} = \beta I_{BQ} = 50 \times 32.2 \text{ μA} = 1.61 \text{ mA}$$

由直流通路的输出回路列电压方程，可得

$$U_{CEQ} = V_{CC} - I_{CQ}R_c - I_{EQ}R_e \approx V_{CC} - I_{CQ}(R_c + R_e) = 12 \text{ V} - 1.61 \text{ mA} \times (4 \text{ k}\Omega + 1 \text{ k}\Omega) = 3.95 \text{ V}$$

(2) 画出的微变等效的交流通路如图 2-17(b) 所示。

根据 $I_{EQ} \approx I_{CQ} = 1.61$ mA，并利用公式(2-4)可得

$$r_{be} = 300 \text{ }\Omega + (1+\beta)\frac{26 \text{ mV}}{I_{EQ}(\text{mA})} = \left[300 \text{ }\Omega + (1+50) \times \frac{26 \text{ mV}}{1.61 \text{ mA}}\right] \times 10^{-3} = 1.124 \text{ k}\Omega$$

结合微变等效交流通路可得电压放大倍数为

$$\dot{A}_u = -\frac{\beta R'_L}{r_{be}} = -\frac{50 \times (4 \text{ k}\Omega // 4 \text{ k}\Omega)}{1.124 \text{ k}\Omega} \approx -89$$

输入电阻为

$$R_i = R_b // r_{be} = 300 \text{ k}\Omega // 1.124 \text{ k}\Omega \approx 1.12 \text{ k}\Omega$$

输出电阻为

$$R_o = R_C = 4 \text{ k}\Omega$$

2.2.2　分压偏置式共发射极放大电路

基本共发射极放大电路是最简单的放大电路，但它的静态工作点不太稳定，为了克服这一问题，常采用分压式偏置电路来稳定静态工作点，这样的电路被称为分压偏置式共发射极放大电路或静态工作点稳定的共发射极放大电路。

静态工作点稳定的
共发射极放大电路

1. 温度对静态工作点的影响

引起静态工作点 Q 不稳定的因素很多，元件的老化、电源电压波动、温度的变化等因素都会引起晶体管参数的变化，造成静态工作点 Q 的不稳定。在引起静态工作点 Q 不稳定的诸多因素中，温度对晶体管参数的影响最为重要。

当环境温度升高时，晶体管的电流放大系数 β 将增大，穿透电流 I_{CEO} 将增大，当 U_{BE} 不变时，基极电流 I_B 也将增大，集电极电流 I_C 明显增大，Q 点将上移，向饱和区变化；反之，当温度降低时，Q 点将下移，向截止区变化。静态工作点的变化会影响到电路对交流信号的放大性能，严重时还可能造成放大电路无法正常工作。

2. 分压偏置式共发射极放大电路的组成

分压偏置式共发射极放大电路，也叫作静态工作点稳定的共射极放大电路，是电路中常用的放大电路形式，其电路组成如图 2-18 所示。

与基本共发射极放大电路相比，分压偏置式共射放大电路多了一个偏置电阻 R_{b2}，一个发射极电阻 R_e，以及一个发射极旁路电容 C_e。该电路主要从以下两个方面稳定静态工作点：

(1) 利用电阻 R_{b1} 和 R_{b2} 分压来稳定基极电位，该电路的直流通路如图 2-19 所示。设流过 R_{b1} 的电流为 I_1，流过 R_{b2} 的电流为 I_2，对于 B 点，电流方程为 $I_1 = I_2 + I_{BQ}$。

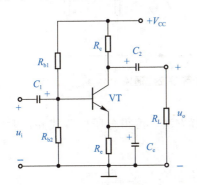

图 2-18 分压偏置式共发射极放大电路

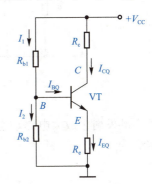

图 2-19 直流通路

通常为了稳定静态工作点，常选择合适的 R_{b1}、R_{b2}，使 $I_1 \gg I_{BQ}$，$U_{BQ} \gg U_{BEQ}$。但 I_1 也不能过大，否则 R_{b1}、R_{b2} 上的直流损耗太大，一般对于硅管取 $I_2 = (5\sim10)I_{BQ}$，$U_{BQ} = (3\sim5)$V；对于锗管取 $I_2 = (10\sim20)I_{BQ}$，$U_{BQ} = (1\sim3)$V。

当 $I_1 \gg I_{BQ}$ 时，则有 $I_1 \approx I_2$，B 点的电位为

$$U_{BQ} \approx \frac{R_{b2}}{R_{b1}+R_{b2}}V_{CC} \tag{2-17}$$

从式(2-17)可以看出，基极电位 U_{BQ} 几乎仅决定于 R_{b1} 与 R_{b2} 对 V_{CC} 的分压，而与环境温度无关，即当温度变化时，U_{BQ} 基本不变。

(2) 利用发射极电阻 R_e 将发射极电流 I_{EQ} 的变化转化为电压的变化，并反馈到输入端，从而实现静态工作点的稳定，具体过程如下：

$T\uparrow \rightarrow I_{CQ}\uparrow \rightarrow I_{EQ}\uparrow \rightarrow U_{EQ}=R_e \times I_{EQ}\uparrow \rightarrow U_{BEQ}\downarrow \quad (U_{BQ}\text{基本不变}) \rightarrow I_{BQ}\downarrow$

$I_{CQ}\downarrow \leftarrow$

这样在很大程度上抵消了因温度升高而造成的晶体管 I_C 的增量，实现了稳定静态工作点的目的。

3. 电路分析

(1) 静态分析。根据分压式共发射极放大电路的直流通路(图 2-19)，因为 $I_1 \gg I_{BQ}$，$I_1 \approx I_2$，所以有

$$U_{BQ} \approx \frac{R_{b2}}{R_{b1}+R_{b2}} V_{CC}$$

$$I_{CQ} \approx I_{EQ} = \frac{U_{BQ}-U_{BEQ}}{R_e} \approx \frac{U_{BQ}}{R_e} \tag{2-18}$$

$$I_{BQ} \approx \frac{I_{CQ}}{\beta} \tag{2-19}$$

$$U_{CEQ} = V_{CC} - I_{CQ}(R_c+R_e) \tag{2-20}$$

(2) 动态分析。分压偏置式共发射极放大电路的微变等效交流通路如图 2-20 所示。

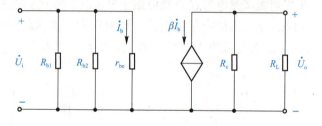

图 2-20 微变等效交流通路

参照基本共发射极放大电路动态参数求解方法，可得分压偏置式共发射极放大电路的电压放大倍数为

$$A_u = \frac{U_o}{U_i} = -\frac{\beta(R_c /\!/ R_L)}{r_{be}} = -\frac{\beta R'_L}{r_{be}} \tag{2-21}$$

输入电阻为
$$R_i = R_{b1} /\!/ R_{b2} /\!/ r_{be} \tag{2-22}$$

输出电阻为
$$R_o = R_c \tag{2-23}$$

4. 电路特点

综上，共发射极放大电路特点如下：
(1) 输出与输入反相，电压放大倍数较高；
(2) 输入电阻低；
(3) 输出电阻高。

任务实施

共发射极放大电路的装接与测试

1. 目的

(1) 掌握放大器静态工作点的调试方法，分析静态工作点对放大器性能的影响。
(2) 掌握放大器电压放大倍数、输入电阻、输出电阻及最大不失真输出电压的测试方法。
(3) 熟悉常用电子仪器及模拟电路实验设备的使用。

2. 设备与器件

(1)直流稳压电源；

(2)函数信号发生器；

(3)双踪示波器；

(4)交流毫伏表；

(5)共射极放大器电路板；

(6)万用表；

(7)导线、屏蔽线。

3. 预习要求

阅读教材中有关单管共发射极放大电路的内容，估算实验电路的静态工作点 Q，电压放大倍数 A_u、输入电阻 R_i 和输出电阻 R_o。

4. 内容和步骤

(1)测试静态工作点。

①实训电路如图 2-21 所示，按放大器原理图连接电路，并仔细检查电路的完整性。

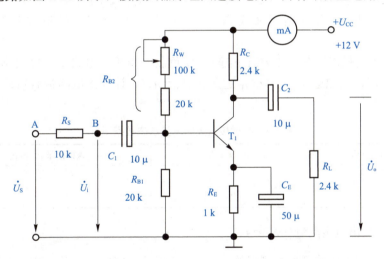

图 2-21 共射极放大器实验电路

②开启直流稳压电源，选择 12 V 电压输出，用万用表检测 12 V 工作电压，确认后，关闭电源。

③将 12 V 的直流稳压电源接到实验电路 U_{CC} 与地之间，放大器的输入端 $\dot{U}_i$ 对地短接，确认无误后，打开直流电源开关。此时，放大器处于工作状态。

④静态工作点测量。由于测量电流需要断开电路，比较麻烦，所以，常采用测试电压的方法。因为 $I_{CQ} \approx I_{EQ} = U_{EQ}/R_E$，所以实验中测量电压 U_{EQ}，然后算出 I_{CQ}。

⑤将万用表调至直流电压 10 V 挡，调节电位器 R_W，用万用表监测使 $U_{EQ} = 2$ V，然后保持 R_W 不变再测量 U_{BQ}、U_{CQ}，并将数据填入表 2-2 相应栏。

⑥关掉电源，用万用表的欧姆挡（$R \times 1$ kΩ）测量 R_{B2}。将所有测量结果记入表 2-2 相应栏。

表 2-2　共射极放大器电路静态数据测量

测量值				计算值			理论值		
U_{EQ}/V	U_{BQ}/V	U_{CQ}/V	R_{B2}/kΩ	U_{BEQ}/V	U_{CEQ}/V	I_{CQ}/mA	U_{BEQ}/V	U_{CEQ}/V	I_{CQ}/mA

(2)电压放大倍数。

①保持静态工作点不变。

②调节信号发生器输出信号为 1 000 Hz,20 mV 的正弦波信号接入实验电路 $\dot{U}_S$ 两端,并接通电源。

③用示波器观察波形,在不失真条件下,用交流毫伏表测量并记录 u_s、u_i 和 u'_o(负载空载时的输出电压),并根据定义式 $A_u = u'_o/u_i$ 计算出电路不带负载时放大倍数,填入表 2-3。

④用万用表测量出一个 2.4 kΩ 的电阻当作负载电阻接入电路中,再次测量并记录 u_s、u_i、u_o(带负载时的输出电压),并根据定义式 $A_u = u_o/u_i$ 计算出电路带有负载 R_L 时放大倍数,填入表 2-3 中。

表 2-3　共射极放大器电路动态数据测量

R_L/kΩ	u_s/mV	u_i/mV	$u_o(u'_o)$/V	A_u	观察记录 u_o 和 u_i 波形
0					
2.4					

(3)输入、输出电阻测量(表 2-4)。

①利用电压放大倍数测量时测得的 u_s、u_i,利用公式 $R_i = \left(\dfrac{u_i}{u_s - u_i}\right)R_S$ 可得电路输入电阻,并将其与理论值比较。

②利用电压放大倍数测量时测得的 u'_o、u_o,利用公式 $R_o = \left(\dfrac{u'_o}{u_o} - 1\right)R_L$ 可得电路输出电阻,并将其与理论值比较。

表 2-4　输入、输出电阻

u_s/mV	u_i/mV	R_i/kΩ		u'_o/V	u_o/V	R_o/kΩ	
		测量值	理论值			测量值	理论值

(4)研究静态工作点对输出波形的影响。

①负载开路,输入 1 kHz、幅度合适的正弦信号,用示波器监视输出电压。

②调节电位器 R_W,使静态电流 I_{CQ} 增大到足够大(Q 点设置较高),逐渐增大输入信号,使输出波形出现明显的失真,观察并记录此时的示波器波形。

③减小输入信号,使电路回到正常的放大状态。

④调节电位器 R_W,使静态电流 I_{CQ} 减小到足够小(Q 点设置较低),逐渐增大输入信号,使输出波形出现明显的失真,观察并记录此时的示波器波形。

任务思考

1. 放大电路要放大的对象是动态信号,那么为什么要设置静态工作点呢?

2. 在分压偏置式共发射极放大电路中,如果发射极电阻没有并旁路电容,对电路会有什么影响?

3. 在共发射极放大电路实验中,当调节偏置电阻 R_{B2},使放大器输出波形出现饱和或截止失真时,晶体管的管压降 U_{CE} 怎样变化?

任务2.3 共集电极与共基极放大电路的装接与测试

任务目标

1. 知识目标
- 认识共集电极、共基极放大电路。
- 掌握共集电极放大电路的特点。

2. 能力目标
- 能够根据电路特点分析基本放大电路的组态。

知识准备

2.3.1 共集电极放大电路

1. 电路组成

共集电极放大电路是一种基本放大电路,其输入信号接在基极和公共端"地"之间,输出信号从发射极和公共端"地"之间引出。其常见电路如图 2-22 所示。

2. 电路分析

(1)静态分析。电路的直流通路如图 2-23 所示。

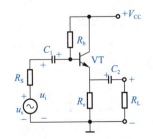

图 2-22 共集电极放大电路

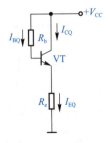

图 2-23 直流通路

根据直流通路可求得静态工作点为

$$I_{BQ} = \frac{V_{CC} - U_{BEQ}}{R_b + (1+\beta)R_e} \tag{2-24}$$

$$I_{CQ} = \beta I_{BQ} \tag{2-25}$$

$$U_{CEQ} = V_{CC} - I_{EQ}R_e \approx V_{CC} - I_{CQ}R_e \tag{2-26}$$

(2)动态分析。共集电极放大电路的微变等效交流通路如图 2-24 所示。

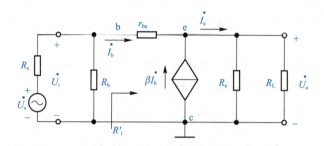

图 2-24　微变等效交流通路

①电压放大倍数。

$$\dot{A}_u = \frac{\dot{U}_o}{\dot{U}_i} = \frac{\dot{I}_e(R_e/\!/R_L)}{\dot{I}_b r_{be} + \dot{I}_e(R_e/\!/R_L)} = \frac{(1+\beta)(R_e/\!/R_L)}{r_{be} + (1+\beta)(R_e/\!/R_L)} \tag{2-27}$$

一般情况下，$(1+\beta)(R_e/\!/R_L) \gg r_{be}$，所以$A_u$略小于1，通常近似认为$A_u \approx 1$，说明共集电极放大电路输出电压与输入电压大小相近，相位相同，又由于输出信号从发射极引出，故共集电极放大电路又被称为射极跟随器。

②输入电阻。放大电路的输入电压$\dot{U}_i = \dot{I}_b r_{be} + (1+\beta)\dot{I}_b(R_e/\!/R_L)$，根据图 2-24 有

$$R'_i = \frac{\dot{U}_i}{\dot{I}_b} = r_{be} + (1+\beta)(R_e/\!/R_L)$$

所以，整个放大电路的输入电阻为

$$R_i = \frac{U_i}{I_i} = R_b/\!/R'_i = R_b/\!/[r_{be} + (1+\beta)(R_e/\!/R_L)] \tag{2-28}$$

共集电极放大电路的输入电阻很大，R_i可达几十千欧至几百千欧。

③输出电阻。求输出电阻时，将信号源短路$U_s = 0$，保留信号源内阻R_s，去掉负载R_L，同时在输出端接上一个电压信号U_o，产生电流I_o，求输出电阻的等效电路，如图 2-25 所示。

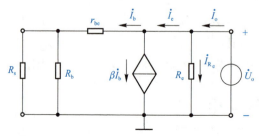

图 2-25　求输出电阻的等效电路

$$R_o = \frac{U_o}{I_o} = \frac{U_o}{I_e + I_{R_e}} = \frac{U_o}{(1+\beta)I_b + I_{R_e}} = \frac{U_o}{(1+\beta)\frac{U_o}{[r_{be}+(R_s // R_b)]} + \frac{U_o}{R_e}}$$

$$= R_e // \frac{r_{be}+(R_s // R_b)}{1+\beta} \tag{2-29}$$

共集电极放大电路的输出电阻很小,一般为几十欧到几百欧,电路带负载的能力增强。

3. 电路特点

综上,共集电极放大电路的特点如下:

(1)输出与输入同相,电压放大倍数接近于1,但略小于1,无电压放大能力;

(2)输入电阻高;

(3)输出电阻低。

利用这些特点,共集电极放大电路常用于多级放大电路的输入级和输出级;也可用它连接两电路,作为中间级,减少电路间直接相连所带来的影响,起到缓冲作用。

2.3.2 共基极放大电路

1. 电路结构

共基极放大电路如图 2-26 所示,电路输入信号加在晶体管的发射极,从集电极引出输出信号。

2. 电路分析

(1)静态分析。共基极放大电路直流通路如图 2-27 所示,它与分压偏置式共发射极放大电路的直流通路相同,所以,静态工作点的计算方法相同,在此不再重复。

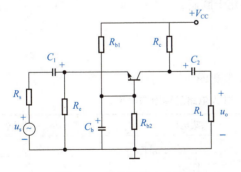

图 2-26 共基极放大电路

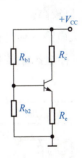

图 2-27 直流通路

(2)动态分析。共基极放大电路的交流通路和微变等效电路如图 2-28 所示。

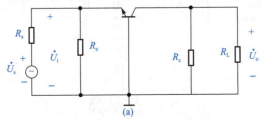

图 2-28 交流通路和微变等效电路

(a)交流通路;

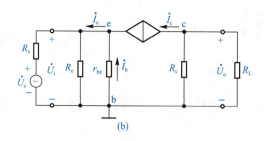

图 2-28　交流通路和微变等效电路(续)

(b) 微变等效电路

电压放大倍数为

$$A_u = \frac{\dot{U}_o}{\dot{U}_i} = \frac{-I_c(R_c /\!/ R_L)}{-I_b r_{be}} = \frac{\beta(R_c /\!/ R_L)}{r_{be}} \quad (2\text{-}30)$$

输入电阻为

$$R_i = \frac{U_i}{I_i} = R_e /\!/ \frac{r_{be}}{1+\beta} \quad (2\text{-}31)$$

输出电阻为

$$R_o = R_c \quad (2\text{-}32)$$

3. 电路特点

综上，共基极放大电路的特点如下：

(1) 输出与输入同相，有电压放大能力；

(2) 输入电阻低，一般为几欧姆到几十欧姆；

(3) 输出电阻较高。

2.3.3　放大电路三种组态比较

放大电路三种组态比较见表 2-5。

表 2-5　放大电路三种组态比较

组态	共发射极	共集电极	共基极
电路	(电路图)	(电路图)	(电路图)
输入端	基极	基极	发射极
输出端	集电极	发射极	集电极
Q 点	$U_{BQ} \approx \dfrac{R_{b2}}{R_{b1}+R_{b2}} V_{CC}$ $I_{CQ} \approx I_{EQ} = \dfrac{U_{BQ}-U_{BEQ}}{R_e} \approx \dfrac{U_{BQ}}{R_e}$ $U_{CEQ} = V_{CC} - I_{CQ}(R_c+R_e)$	$I_{BQ} = \dfrac{V_{CC}-U_{BEQ}}{R_b+(1+\beta)R_e}$ $I_{CQ} = \beta I_{BQ}$ $U_{CEQ} = V_{CC} - I_{EQ}R_e \approx V_{CC} - I_{CQ}R_e$	$U_{BQ} \approx \dfrac{R_{b2}}{R_{b1}+R_{b2}} V_{CC}$ $I_{CQ} \approx I_{EQ} = \dfrac{U_{BQ}-U_{BEQ}}{R_e} \approx \dfrac{U_{BQ}}{R_e}$ $= V_{CC} - I_{CQ}(R_c+R_e)$

续表

组态	共发射极	共集电极	共基极
A_u	$-\dfrac{\beta(R_c/\!/R_L)}{r_{be}}$,大	$\dfrac{(1+\beta)(R_e/\!/R_L)}{r_{be}+(1+\beta)(R_e/\!/R_L)}$,小于1	$\dfrac{\beta(R_c/\!/R_L)}{r_{be}}$,大
R_i	$R_i=R_{b1}/\!/R_{b2}/\!/r_{be}$,较大	$R_b/\!/[r_{be}+(1+\beta)(R_e/\!/R_L)]$,大	$R_e/\!/\dfrac{r_{be}}{1+\beta}$,小
R_o	R_c,大	$R_e/\!/\dfrac{r_{be}+(R_s/\!/R_b)}{1+\beta}$,小	R_c,大
输入输出相位	反相	同相	同相
用途	低频电压放大电路	多级放大电路的输入级、输出级和中间缓冲级	高频放大器、宽频带电路和恒流源

任务实施

共集电极放大电路的装接与测试

1. 目的

(1) 掌握共集电极放大电路(射极跟随器)的特性及测试方法;

(2) 进一步学习放大器各项参数测试方法。

2. 设备与器件

(1) +12 V 直流电源;

(2) 函数信号发生器;

(3) 双踪示波器;

(4) 交流毫伏表;

(5) 直流电压表;

(6) 频率计;

(7) 电阻器、电容器若干。

3. 预习要求

(1) 复习射极跟随器的工作原理。

(2) 根据实验电路元件参数值估算静态工作点。

4. 内容及步骤

(1) 按图 2-29 组接电路。

(2) 静态工作点的调整。接通 +12 V 直流电源,在 B 点加入 $f=1$ kHz 正弦信号 u_i,输出端用示波器监视输出波形,反复调整 R_W 及信号源的输出幅度,使在示波器的屏幕上得到一个最大不失真输出波形,然后置 $u_i=0$,用直流电压表测量晶体管各电极对地电位,将测得数据记入表 2-6。

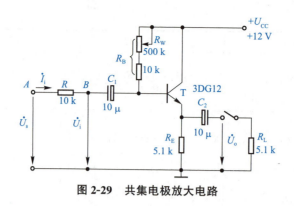

图 2-29 共集电极放大电路

表 2-6 静态工作点调整测量与计算数据

U_E/V	U_B/V	U_C/V	I_E/mA

在下面整个测试过程中应保持值 R_W 不变(保持静工作点 I_E 不变)。

(3)测量电压放大倍数 A_u。接入负载 $R_L=1$ kΩ,在 B 点加入 $f=1$ kHz 正弦信号 u_i,调节输入信号幅度,用示波器观察输出波形 u_o,在输出最大不失真情况下,用交流毫伏表测量 U_i、U_o 值,记入表 2-7,并利用公式 $A_u=\dfrac{U_o}{U_i}$,计算出电路的电压放大倍数。

表 2-7 电压放大倍数测量与计算

U_i/V	U_o/V	A_u

(4)测量输出电阻 R_o。接上负载 $R_L=1$ kΩ,在 B 点 $f=1$ kHz 加入正弦信号 u_i,用示波器监视输出波形,测空载输出电压 U'_o,有负载时输出电压 U_o,记入表 2-8,并利用公式 $R_o=\left(\dfrac{U'_o}{U_o}-1\right)R_L$,计算电路输出电阻。

表 2-8 输出电阻测量与计算

U'_o/V	U_o/V	R_o/kΩ

(5)测量输入电阻 R_i。在 A 点加入 $f=1$ kHz 的正弦信号 u_s,用示波器监视输出波形,用交流毫伏表分别测出 A、B 点对地的电位 U_s、U_i,记入表 2-9,并利用 $R_i=\dfrac{U_i}{I_i}=\dfrac{U_i}{U_s-U_i}R$,计算电路的输入电阻。

表 2-9　输出电阻测量与计算

U_s/V	U_i/V	R_i/kΩ

(6)测试跟随特性。电压跟随范围是指射极跟随器输出电压 u_o 跟随输入电压 u_i 做线性变化的区域。当 u_i 超过一定范围时,u_o 便不能跟随 u_i 做线性变化,即 u_o 波形产生了失真。为了使输出电压 u_o 正、负半周对称,并充分利用电压跟随范围,静态工作点应选在交流负载线中点,测量时可直接用示波器读取 u_o 的峰-峰值,即电压跟随范围;或用交流毫伏表读取 u_o 的有效值,则电压跟随范围 $U_{op-p}=2\sqrt{2}U_o$。

接入负载 $R_L=1$ kΩ,在 B 点加入 $f=1$ kHz 正弦信号 u_i,逐渐增大信号 u_i 幅度,用示波器监视输出波形直至输出波形达最大不失真,测量对应的值 U_o,记入表 2-10。

表 2-10　电压跟随范围测量

U_i/V				
U_o/V				

(7)测试频率响应特性。保持输入信号 u_i 幅度不变,改变信号源频率,用示波器监视输出波形,用交流毫伏表测量不同频率下的输出电压值 U_o,记入表 2-11。

表 2-11　频率响应特性测量

f/kHz					
U_o/V					

任务思考

1.为什么共集电极放大电路也被称为射极跟随器?

2.双极型晶体管构成的放大电路有几种组态?判断放大电路组态的基本方法是什么?

任务 2.4 多级放大电路

🧰 任务目标

1. 知识目标
- 掌握多级放大电路的耦合方式。
- 了解多级放大电路的主要性能指标。
- 了解零点漂移。

2. 能力目标
- 能够给多级放大电路设置合适的静态工作点,测试多级放大电路电压放大倍数及最大不失真输出电压。

多级放大电路的
组成和耦合方式

📚 知识准备

2.4.1 多级放大电路的组成

在大多数的实际应用中,单个晶体管组成的放大电路往往不能满足特定的增益、输入电阻、输出电阻等要求,为此,常把基本放大电路适当地组合,构成多级放大电路,以便电路发挥更好的性能。

多级放大电路的组成框图如图 2-30 所示,在多级放大电路中,每一基本放大电路称为一级,它一般由输入级、中间级和输出级组成。

图 2-30 多级放大电路组成框图

(1)输入级:与信号源相连接的一级。要求输入电阻高,它的任务是从信号源获取更多的信号。

(2)中间级:主要承担电压放大任务,给电路提供足够大的电压放大倍数。常采用共发射级放大电路。

(3)输出级:在不失真的情况下,向负载提供足够大的输出功率,常采用功率放大电路。

2.4.2 多级放大电路的耦合方式

多级放大电路级与级之间的连接方式,称为耦合方式,有阻容耦合、直接耦合和变压器耦合,其中较为常见的是阻容耦合和直接耦合。

1. 阻容耦合

在多级放大电路中,放大器前级的输出端通过电容连接至后一级输入端的连接方式是阻容耦合，如图 2-31 所示，第一级与第二级之间通过电容 C_2 实现耦合。

阻容耦合的特点如下：

（1）由于电容的隔直作用，各级电路的静态工作点互不关联，各自独立，便于电路的计算、设计和调试。

（2）当耦合电容足够大时，对于交流信号，在一定范围内电容可被视为短路，第一级的输出信号可以通过耦合电容传送到第二级，作为第二级的输入信号。所以，阻容耦合能够有效地放大交流信号，但对于缓慢变化的交流信号和直流信号，电容的容抗较大，会有很大的衰减，不适合放大。

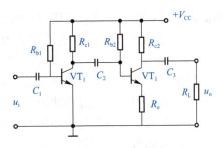

图 2-31　阻容耦合

2. 直接耦合

在多级放大电路中，放大器前级的输出端通过导线直接连接到后级输入端的连接方式是直接耦合，如图 2-32 所示。

直接耦合的特点如下：

（1）各级之间直接相连，它不仅可以放大一般的交流信号，而且可以放大缓慢变化的信号或直流信号。

（2）电路中不存在大电容，便于集成，所以，目前的集成电路均采用直接耦合方式。

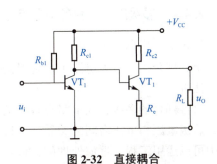

图 2-32　直接耦合

（3）放大器各级之间直接相连会使各级的静态工作点相互关联，相互影响，从而给设计、计算、调试带来不便，并使工作点的温漂逐级放大，造成输出级工作点的严重偏移。

2.4.3　零点漂移

人们发现如果将直接耦合放大电路的输入端短路，用灵敏的直流表测量输出端，输出端会有变化缓慢的输出电压，如图 2-33 所示。这种输入电压为零而输出电压不为零且缓慢变化的现象，称为零点漂移现象。

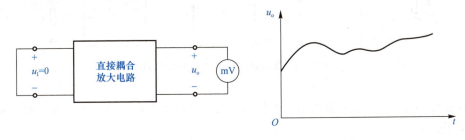

图 2-33　零点漂移

零点漂移，简称零漂。在放大电路中，任何参数的变化，如电源电压的波动、元件的老化、半导体元件参数随温度变化而产生的变化都将产生输出电压的漂移。但是，在直接耦合放大电路中，由于前、后级直接相连，且直接耦合电路可放大缓慢变化的信号，因此，前级静态工作点的波动将被后级当作信号逐级放大，输出端的波动电压可能将有用信号"淹没"，严重时甚至使后级电路进入饱和或截止状态，无法正常工作。很明显，输入级（第一级）的零漂影响最大，而且直接耦合电路的级数越多，放大倍数越高，零漂问题越严重。所以，控制输入级的漂移是至关重要的问题。

采用高质量的稳压电源和使用经过老化实验的元件就可以大大减小由此而产生的漂移。所以，由温度变化所引起的半导体器件参数的变化是产生零点漂移现象的主要原因，因而零点漂移也被称为温度漂移，简称温漂。

为了抑制零漂，常用的措施如下：
(1) 引入直流负反馈以稳定静态工作点，减小零点漂移。
(2) 利用温敏元件补偿晶体管的零漂。
(3) 采用差分放大电路作为多级放大电路的输入级。

2.4.4 多级放大电路的分析方法

1. 静态工作点的分析

阻容耦合多级放大电路中，各级的静态工作点相互独立，所以，可按单级放大器的计算方法进行计算。

直接耦合的多级放大电路与各级的直流通路是相互联系的，所以，计算时要综合考虑前、后级电压与电流之间的关系，一般要列几个回路方程才可解决问题。当然，在计算过程中可以运用工程上近似处理的方法，在误差不超过允许范围的情况下，可以忽略一些次要因素，将各级放大器分别计算，以简化运算过程。

2. 动态指标的分析

(1) 电压放大倍数的计算。在多级放大电路中，各级放大电路相互连接，前级的输出电压就是后级的输入电压，即 $\dot{U}_{o1}=\dot{U}_{i2}$，$\dot{U}_{o2}=\dot{U}_{i3}$……如图 2-34 所示。由电压放大倍数的定义可知

$$\dot{A}_u = \frac{\dot{U}_o}{\dot{U}_i} = \frac{\dot{U}_{o1}}{\dot{U}_i} \times \frac{\dot{U}_{o2}}{\dot{U}_{i2}} \times \cdots \times \frac{\dot{U}_o}{\dot{U}_{in}} = \dot{A}_{u1}\dot{A}_{u2}\cdots\dot{A}_{un} \tag{2-33}$$

可见，多级放大电路总的电压放大倍数应该是各级放大电路电压放大倍数的乘积。

图 2-34　多级放大电路电压放大倍数

(2) 输入电阻。根据放大电路输入电阻的定义，多级放大电路的输入电阻就是其第一级的输入电阻，即

$$R_i = R_{i1}$$

(3) 输出电阻。根据放大电路输出电阻的定义，多级放大电路的输出电阻等于最后一级的输出电阻，即

$$R_o = R_{on}$$

注意：在计算多级放大电路的动态参数时，应注意前后级之间的相互关联性，后一级

的输入电阻相当于前一级的负载电阻，前一级的输出电阻相当于后一级的信号源内阻。

【例 2-2】 如图 2-35 所示，在两级阻容耦合放大电路中，已知 $R_1=51\text{ k}\Omega$，$R_2=11\text{ k}\Omega$，$R_3=R_L=5.1\text{ k}\Omega$，$R_4=1\text{ k}\Omega$，$R_5=150\text{ k}\Omega$，$R_6=3.3\text{ k}\Omega$，$C_1=C_2=C_4=10\text{ μF}$，$C_3=47\text{ μF}$，$\beta_1=\beta_2=50$，$V_{CC}=12\text{ V}$，$U_{BEQ1}=U_{BEQ2}=0.7\text{ V}$。

(1) 求各级静态工作点。该电路为共射-共集两级阻容耦合放大电路，各级静态工作点独立，可分级计算。

(2) 求动态参数。

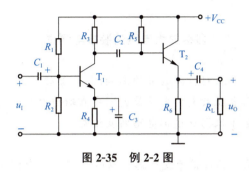

图 2-35　例 2-2 图

解：(1) 求各级静态工作点。该电路为共射-共集两级阻容耦合放大电路，各级静态工作点独立，可分级计算。

第一级：$U_{BQ1}=\dfrac{V_{CC}R_2}{R_1+R_2}=\dfrac{12\times 11}{51+11}\approx 2.1(\text{V})$

$$I_{CQ1}\approx I_{EQ1}=\dfrac{U_{BQ1}-U_{BEQ1}}{R_4}=\dfrac{2.1\text{ V}-0.7\text{ V}}{1\text{ k}\Omega}=1.4\text{ mA}$$

$$I_{BQ1}=\dfrac{I_{CQ1}}{\beta_1}=\dfrac{1.4\text{ mV}}{50}=28(\mu\text{A})$$

$$U_{CEQ1}=V_{CC}-I_{CQ1}(R_3+R_4)=12-1.4\times(5.1+1)=3.46(\text{V})$$

第二级：$I_{BQ2}=\dfrac{V_{CC}-U_{BEQ2}}{R_5+(1+\beta_2)R_6}=\dfrac{12-0.7}{150+(1+50)\times 3.3}\approx 0.036(\text{mA})$

$$I_{CQ2}\approx I_{EQ2}=\beta_2 I_{BQ2}=50\times 0.036=1.8(\text{mA})$$

$$U_{CEQ2}=V_{CC}-I_{EQ2}R_6\approx V_{CC}-I_{C2Q}R_6=12-1.8\times 3.3=6.06(\text{V})$$

(2) 求动态参数：

$$r_{be1}=300\text{ }\Omega+(1+\beta_1)\dfrac{26\text{ mV}}{I_{EQ1}(\text{mA})}\times 10^3=1.25\text{ k}\Omega$$

$$r_{be2}=300\text{ }\Omega+(1+\beta_2)\dfrac{26\text{ mV}}{I_{EQ2}(\text{mA})}\times 10^3=1.04\text{ k}\Omega$$

输入电阻：$R_i=R_{i1}=R_1 // R_2 // r_{be1}=1.1\text{ k}\Omega$

考虑到前一级的输出电阻是后一级的信号源内阻，即 $R_{o1}=R_3=R_{s2}=5.1\text{ k}\Omega$，所以整个电路的输出电阻为

$$R_o=R_{o2}=R_6 // \dfrac{R_3 // R_5+r_{be2}}{1+\beta}=0.11(\text{k}\Omega)$$

放大倍数：考虑到后一级的输入电阻是前一级的负载，即

$$R_{L1}=R_{i2}=R_5 // [r_{be2}+(1+\beta)(R_6 // R_L)]\approx 61(\text{k}\Omega)$$

$$A_{u1} = -\frac{\beta_1(R_3 /\!/ R_{i2})}{r_{be1}} = -\frac{\beta_1(R_3 /\!/ R_{L1})}{r_{be1}} = -\frac{50 \times \frac{5.1 \times 61}{61+5.1}}{1.24} \approx -190$$

$$A_{u2} = \frac{(1+\beta_2)(R_6 /\!/ R_L)}{r_{be2}+(1+\beta_2)(R_6 /\!/ R_L)} \approx 0.99$$

$$A_u = A_{u1} \times A_{u2} = -190 \times 0.99 = -188.1$$

任务实施

多级放大电路的装接与测试

1. 目的

(1) 加深理解多级放大电路对放大效果的影响(与单管放大比较)。

(2) 掌握多级放大电路电压放大倍数及最大不失真输出电压的测试方法。

(3) 进一步熟悉常用电子仪器及模拟电路实验设备。

2. 设备与器件

+12 V 直流稳压电源、函数信号发生器、双踪示波器、交流毫伏表、直流电压表、直流毫安表、放大器电路(板)、万用表、导线、屏蔽线。

3. 预习要求

按照实验电路估算放大器的静态工作点(取 $\beta_1=\beta_2=100$),估算两级放大器的 A_u。

4. 内容及步骤

(1) 根据原理图连接实验电路。电路原理图如图 2-36(a)所示,实验所用电路板如图 2-36(b)所示,该电路为两级阻容耦合放大电路。

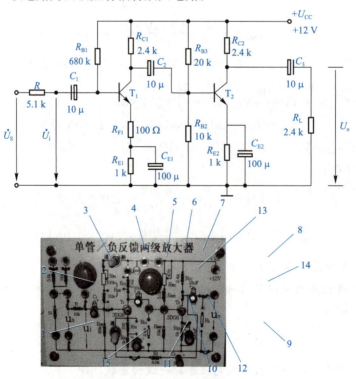

图 2-36 两级阻容耦合放电路

(a)原理图;(b)实验所用电路板

(2)分别调节放大电路各级的静态工作点。

①调节信号发生器输出为 1 kHz,10 mV 接至第一级输入端。

②先调节第一级放大电路的静态工作点。将示波器接至放大电路第一级输出端 10 与地之间,参照单管共发射极放大电路实验,调节晶体管 T_1 的基极电阻旋钮 3,调节晶体管 T_1 至合理状态后,保持旋钮 3 不动。

③再调节第二级放大电路的静态工作点。将第二级放大电路基极电阻 13 逆时针旋到底,将 15 断开,断开示波器与 10 的连线,用导线将 10、12 连接;将示波器接至 14 与地之间;顺时针缓慢旋转 13 并观察示波器的波形,直至示波器显示电路输出为最大不失真波形。

(3)测量电压放大倍数并与理论值比较。

①用交流毫伏表或万用表测量 u_s、u_i、u'_o(空载时的 u_o)的大小并将测量值填入表 2-12 第一行。

②用万用表测量出一个 2.4 kΩ 的电阻,用导线接至 9~14 之间,再次测量 u_s、u_i、u_o 的大小并将测量值填入表 2-12 第二行。

③利用公式 $A_u = u'_o/u_{i1}$(空载),$A_u = u_o/u_{i2}$(负载)计算电路放大倍数,并与理论值比较。

表 2-12 多级放大电路实验数据

第二级空载时	$u_s=$	$u_i=$	$u'_o=$	$A'_u=$
第二级带负载时	$u_s=$	$u_i=$	$u_o=$	$A_u=$

任务思考

1. 实际工程应用中,为什么放大电路常采用多级放大电路的形式?
2. 多级放大电路的耦合方式有哪些?
3. 多级放大电路实验中为何要先调节第一级静态工作点再连接并调节第二级放大电路?

任务 2.5　差动放大电路

任务目标

1. 知识目标

· 了解差动放大电路的作用和原理。

2. 能力目标

· 能够测试差动放大电路的主要性能指标。

差动放大电路

知识准备

差动放大电路也叫作差分放大电路,是一种具有两个输入端且电路结构对称的放大电路，常用来抑制多级直接耦合放大电路中的零点漂移，因而得到了广泛的应用，尤其被应用于集成运算放大电路中。

2.5.1 基本差动放大电路的组成和工作原理

1. 电路结构

差动放大电路是由典型的工作点稳定电路演变而来的，图 2-37 所示为典型的差动放大电路。

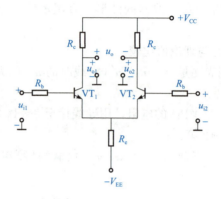

图 2-37 差动放大电路

2. 消除零点漂移的工作原理

在理想情况下，晶体管 VT_1、VT_2 的电路参数和特性是完全相同的，电路两边对称位置上的电阻参数也是相同的，两个对称放大电路的放大倍数也是相等的。静态情况下，即输入信号为零时，由于电路的对称性，当温度或其他外界条件发生变化时，电路两边电流、电位变化是相同的，从而使输出 $u_o = u_{o1} - u_{o2} = 0$，消除了零点漂移。其实质是使用特性完全相同的两个晶体管组成两个结构完全对称的电路来抑制零点漂移。

3. 电路输入输出方式

电路是由两个完全对称的共射电路组合而成的，有两个输入端 u_{i1}、u_{i2}，两个输出端 u_{o1}、u_{o2}。当两个输入端都有信号输入时，称为双端输入；当一个输入端接地，另一个输入端有信号输入时，称为单端输入。当输出取自两个三极管的集电极之间，即从图 2-37 电路中 u_o 输出时，称为双端输出；当从单个晶体管的集电极与地之间取输出时，即从图 2-37 电路中 u_{o1} 或 u_{o2} 输出时，称为单端输出。所以，对于差动放大电路，输入输出方式共有四种，即双端输入双端输出、双端输入单端输出、单端输入双端输出、单端输入单端输出。

4. 差模信号和共模信号

共模信号：大小相等、极性相同的输入信号，用 u_{ic} 表示。
差模信号：大小相等、极性相反的输入信号，用 u_{id} 表示。

对于差动放大电路，定义两个输入信号的平均值为共模信号 u_{ic}，即 $u_{ic} = \dfrac{u_{i1}+u_{i2}}{2}$。两个输入信号差值为差模信号 u_{id}，即 $u_{id} = u_{i1} - u_{i2}$，则差动放大电路输入端所加的任意一对信号 u_{i1}、u_{i2}，可用一个共模信号 u_{ic} 和一个差模信号 u_{id} 表示，即

$$u_{i1} = u_{ic} + \frac{u_{id}}{2}, \quad u_{i2} = u_{ic} - \frac{u_{id}}{2} \tag{2-34}$$

差动放大电路的输入信号可以看成一对共模信号和一对差模信号的叠加。

若电路输入信号是共模输入，即 $u_{i1}=u_{i2}=u_{ic}$，由于对称性，可知 $u_{o1}=u_{o2}$，输出 $u_{oc}=u_{o1}-u_{o2}=0$，则双端输出差动放大电路的共模电压放大倍数 $A_{uc}=\dfrac{u_{oc}}{u_{ic}}=0$；若输入信号是差模输入，即 $u_{i1}=-u_{i2}=\dfrac{u_{id}}{2}$，那么对于两输出电压应 $u_{o1}=-u_{o2}$，则 $u_{od}=u_{o1}-u_{o2}=2\,u_{o1}$，则双端输出的差模电压放大倍数 $A_{ud}=\dfrac{u_{od}}{u_{id}}=\dfrac{2}{2}\dfrac{u_{o1}}{u_{i1}}=A_{u1}$，与单管放大电路放大倍数相同。由上述分析可知，差动放大电路双端输出时，具有抑制共模信号、放大差模信号的作用。

差动放大电路对零点漂移的抑制作用，也可以理解为在电路对称条件下，两管的零点漂移折算到输入端的漂移电压相同，相当于输入共模信号，所以，零点漂移被有效抑制。

2.5.2 差动放大电路的改进

采用差动放大电路可以有效地抑制零点漂移，并且对于图 2-37 所示的差动放大电路来说，发射极电阻 R_e 对抑制温漂起很大的作用，R_e 越大，抑制能力越强，但是在电路中 R_e 的增大是有限度的，所以，在使用中可以用直流电阻不大，但交流电阻很大的恒流源来代替 R_e，即采用恒流源式差动放大电路，如图 2-38 所示。

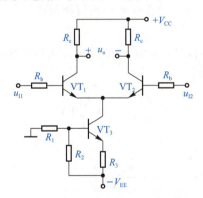

图 2-38 恒流源式差动放大电路

2.5.3 共模抑制比

差动放大电路完全抑制零点漂移，是建立在电路完全对称的假设下的。电路完全对称是一个理想状态，实际上完全对称的电路是不存在的，所以，实际的差动放大电路不可能把共模信号完全抑制。

对差动放大电路来说，差模信号是有用信号，差动放大电路对差模信号应有较大的放大倍数；而共模信号是无用干扰信号，差动放大电路对共模信号则放大倍数应越小越好，越小说明对零点漂移的抑制作用越强。因此，衡量差动放大电路的性能，不仅要求其对共模信号的抑制能力强，也要求其对差模信号的放大能力强，常用共模抑制比（K_{CMR}）来表示差动放大电路性能的优劣。

K_{CMR} 定义为差模电压放大倍数 A_{ud} 与共模电压放大倍数 A_{uc} 的比值，即

$$K_{CMR}=\left|\dfrac{A_{ud}}{A_{uc}}\right| \tag{2-35}$$

共模抑制比常用对数形式表示，即

$$K_{CMR} = 20\lg \left|\frac{A_{ud}}{A_{uc}}\right| \text{ (dB)} \tag{2-36}$$

共模抑制比是电路对有用信号和干扰信号的对比，共模抑制比越大，差动放大电路对差模信号放大能力就越强，受共模信号的干扰越小，对共模信号的抑制能力就越强。在理想情况下，$K_{CMR} \to \infty$，而实际上，K_{CMR} 不可能趋于无穷大。

任务实施

差动放大电路

1. 目的

(1)加深对差动放大器性能及特点的理解；

(2)学习差动放大器主要性能指标的测试方法。

2. 设备与器件

±12 V 直流电源、函数信号发生器、双踪示波器、交流毫伏表、直流电压表、差动放大电路板。

3. 预习要求

预习差动放大电路原理、输入输出方式和共模抑制比。

4. 内容及步骤

(1)按图 2-39 所示连接实验电路，开关 K 拨向左边构成典型差动放大器。

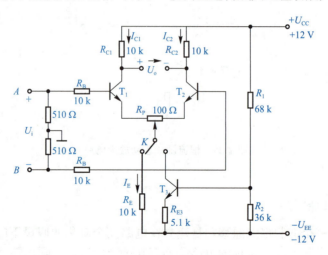

图 2-39 差动放大电路

(2)调节放大器零点，信号源不接入。将放大器输入端 A、B 与地短接，接通 ±12 V 直流电源，用直流电压表测量输出电压 U_o，调节调零电位器 R_P，使 $U_o = 0$。调节要仔细，力求准确。

(3)测量差模电压放大倍数。

①断开直流电源，将函数信号发生器的输出端接差动放大器 A 输入端，地端接放大器 B 输入端，调节信号为频率 $f = 1$ kHz 的正弦信号，并将信号发生器输出旋钮旋转至零。

②接通±12 V直流电源，逐渐增大输入电压 u_i（约 100 mV），在输出波形无失真的情况下，用交流毫伏表测量 U_i、U_{C1}、U_{C2} 的值，记入表 2-13，并观察 u_i、u_{C1}、u_{C2} 之间的相位关系及 U_{R_E} 随 U_i 改变而变化的情况。

（4）测量共模电压放大倍数。将放大器 A、B 短接，信号源接 A 端与地之间，构成共模输入方式，调节输入信号 $f=1$ kHz，$u_i=1$ V，在输出电压无失真的情况下，测量 U_{C1}、U_{C2} 的值，记入表 2-13，并观察 u_i、u_{C1}、u_{C2} 之间的相位关系及 U_{R_E} 随 U_i 改变而变化的情况。

（5）具有恒流源的差动放大电路性能测试。将图 2-39 差动放大电路中开关 K 拨向右边，构成具有恒流源的差动放大电路。重复差模放大倍数和共模放大倍数的测量，并将测量数据记入表 2-13。

表 2-13 差动放大电路数据与计算

测量值和计算值	典型差动放大电路		具有恒流源差动放大电路	
	差模输入	共模输入	差模输入	共模输入
U_i	100 mV	1 V	100 mV	1 V
U_{C1}(V)				
U_{C2}(V)				
$A_{d1}=\dfrac{U_{C1}}{U_i}$		—		—
$A_d=\dfrac{U_o}{U_i}$		—		—
$A_{C1}=\dfrac{U_{C1}}{U_i}$	—		—	
$A_C=\dfrac{U_o}{U_i}$	—		—	
$K_{CMR}=\left|\dfrac{A_d}{A_C}\right|$				

任务思考

1. 零点漂移产生的原因是什么？
2. 采用差动放大电路消除零点漂移的工作原理是什么？
3. 典型差动放大电路双端输出时的 K_{CMR} 实测值与理论值比较有什么不同？

任务 2.6　集成运放及其应用

📋 任务目标

1. 知识目标
- 了解集成运放电路的结构和特点。
- 掌握集成运放的常见应用。

2. 能力目标
- 能按要求用集成运放构成简单的运算电路。

📖 知识准备

集成运算放大器简称集成运放,是含有两个差分输入端和一个输出端的多级直接耦合放大电路,它具有高电压放大倍数、高输入电阻、低输出电阻(图 2-40)。集成运放是一种较为通用的模拟集成电路,被用于绝大多数的电子电路。集成运放的型号与规格有很多种,不同类型运放的内部电路结构、性能参数也存在不同。

图 2-40　集成运算放大器

2.6.1　集成运放的结构和符号

集成运放的内部电路尽管有很多不同,但从总体结构上看,也有许多共同之处。其通常由输入级、中间级、输出级和偏置电路四部分组成。集成运放内部框图如图 2-41 所示。集成运放的输入端是一个高性能差动放大电路,有两个输入端,叫作同相输入端(u_+)和反相输入端(u_-),该级输入阻抗高,有一定的差模信号放大倍数,抑制共模信号的能力强;中间级的主要作用是提高电压放大倍数;输出级输出电阻小,有较强的带负载能力。

集成运放在电路中的符号如图 2-42 所示,本书中采用图 2-42(b)的符号。

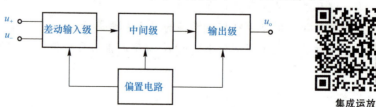

图 2-41　集成运放内部框图

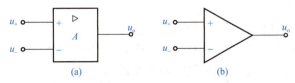

图 2-42 集成运放在电路中的符号
(a)国家标准符号；(b)国内外常用符号

2.6.2 集成运算放大器的理想模型

1. 集成运放的电压传输特性

集成运放的电压传输特性是指运放输出电压与输入电压（即同相输入端与反相输入端之间的差值电压）之间的关系曲线，即

$$u_o = f(u_+ - u_-)$$

其特性曲线如图 2-43 所示。图中 u_+ 为同相输入端电压，u_- 为反相输入端电压，这里的"同相"和"反相"是指运放的输入电压与输出电压之间的相位关系，运放的输入电压为差模信号，即

$$u_i = u_+ - u_-$$

当 u_i 为小信号时，输出与输入成线性放大关系，此时称为运放工作在线性区，有

$$u_o = A_{od}(u_+ - u_-)$$

A_{od} 称为差模开环放大倍数（也叫作差模开环电压增益），由于运放的 A_{od} 很大，一般运放为 100～120 dB，高增益运放可达 140 dB 以上，所以，集成运放电压传输特性中的线性区范围非常窄。例如，运放差模开环放大倍数 $A_{od} = 2 \times 10^5$，输出电压的最大值 $\pm U_{OM} = \pm 12$ V，那么在开环状态下只有当输入 $|u_+ - u_-| < 60\ \mu V$ 时，该运放才能工作在线性区。由于运放线性区范围很窄，所以在实际应用中，如果想让运放工作在线性区，就一定要引入负反馈，通常是深度负反馈，关于反馈的内容将在任务 2.7 中进行详细介绍。

当输入电压 u_i 超过线性范围时，运放输出达到饱和，输出只有两种情况，$+U_{OM}$ 或 $-U_{OM}$，此时称运放工作在非线性区。

2. 理想运放模型

集成运放可以构成形式多样的应用电路。在这些应用电路中，通常都将集成运放的性能指标理想化，即将其看成理想运放（图 2-44）。

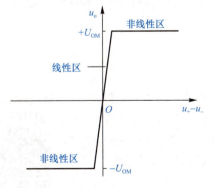

图 2-43 集成运放电压传输特性曲线

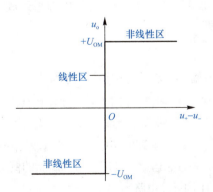

图 2-44 理想运放电压传输特性曲线

理想运放的参数特征如下：

(1)差模开环放大倍数 $A_{od} \to \infty$。

(2)差模输入电阻(两个输入端对差模信号所呈现的阻抗)$R_{id} \to \infty$。

(3)输出电阻(开环时，输出端对地的等效电阻)$R_o = 0$。

(4)共模抑制比 $K_{CMR} \to \infty$。

(5)输入失调电压、输入失调电流及其温漂为 0。

(6)开环带宽 $f_H \to \infty$。

3. 理想运放的工作区及特点

尽管集成运放的应用电路多种多样，但其工作区域只有两个。在电路中，它们不是工作在线性区，就是工作在非线性区。

(1)理想运放线性工作区的特点。集成运放工作在线性区时，利用运放的理想模型，可得出理想运放工作在线性区的两个重要特点：虚短和虚断。

①虚短。当集成运放工作在线性区时，有 $u_o = A_{od}(u_+ - u_-)$，又由于对于理想运放 $A_{od} \to \infty$，所以有

$$u_+ - u_- = \frac{u_o}{A_{od}} = 0 \tag{2-37}$$

即
$$u_+ = u_-$$

从式(2-37)中可以看出，理想运放同相输入端电位 u_+ 与反相输入端电位 u_- 相等，两个输入端像是短路，但事实上并不是真正的短路，因此被称为虚短。

②虚断。由于理想运放的输入电阻 $R_{id} \to \infty$，所以两个输入端的输入电流均为 0，即

$$I_+ = I_- = 0 \tag{2-38}$$

式中，I_+ 和 I_- 分别为运放同相输入端和反相输入端的电流，I_+、I_- 都为 0，即从集成运放输入端看进去相当于开路，但实际上运放并不是真正开路，因此被称为虚断。

虚短和虚断是今后分析各种理想运放构成的线性电路的出发点。

(2)理想运放非线性工作区的特点。理想运放工作在非线性区有两个重要特点：两值性和虚断。

①两值性。当运放工作在非线性区时，输出电压只有两种可能取值：

$$当 u_+ > u_- 时，u_o = +U_{OM} \tag{2-39}$$

$$当 u_+ < u_- 时，u_o = -U_{OM} \tag{2-40}$$

②虚断。由于 $R_{id} \to \infty$，所以理想运放工作在非线性区时，两个输入端的输入电流也均为 0，即

$$I_+ = I_- = 0 \tag{2-41}$$

2.6.3 集成运放的线性应用

集成运放的线性应用主要表现在构成各种运算电路，对集成运放加入适当的深度负反馈网络，可实现比例运算、加减法运算、微分与积分运算、指数与对数等数学运算功能。在各种运算电路中，集成运放工作在线性区。在分析这些电路时，将运放看为理想运放，利用虚短和虚断的概念，可以得出相应的结果。

1. 比例运算电路

(1)反相比例运算电路。反相比例运算电路如图 2-45 所示。输入信号

比例运算电路

u_i 通过电阻 R_1 加入集成运放的反相输入端；反馈电阻 R_f 接在集成运放的输出端与反相输入端之间，形成电压并联负反馈；R_P 为平衡电阻，由于集成运放的输入级是差动放大电路，要求输入回路参数对称，一般取 $R_P=R_1//R_f$。

根据虚短和虚断的特点，有 $u_+=u_-$，$i_+=i_-=0$。由于 $u_+=0$，故 $u_-=0$。对于运放反向输入端，虽然没有接地，但与地电位相同，称为虚地。

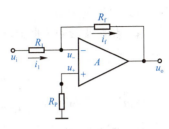

从图中可得

$$i_1=\frac{u_i-u_-}{R_1}=\frac{u_i}{R_1},\quad i_f=\frac{u_--u_o}{R_f}=\frac{-u_o}{R_f} \quad (2\text{-}42)$$

因为 $i_+=i_-=0$，所以 $i_1=i_f$，可得 $\frac{u_i}{R_1}=-\frac{u_o}{R_f}$，整理可得

图 2-45 反相比例运算电路

$$u_o=-\frac{R_f}{R_1}u_i \quad (2\text{-}43)$$

从式(2-43)可以看出，输出和输入之间成反相比例运算关系，$-R_f/R_1$ 为比例系数，也是反相比例运算电路的闭环电压放大倍数 A_{uf}，式中的负号表示输出和输入反相。在电路中如果取 $R_1=R_f$，则 $u_o=-u_i$，即为一个反相器。

【例 2-3】 在图 2-45 所示的反相比例运算电路中，已知 $R_1=10\text{ k}\Omega$，$R_f=100\text{ k}\Omega$，求该电路的电压放大倍数和平衡电阻 R_P 的值。

解：电压放大倍数 $A_{uf}=-\dfrac{R_f}{R_1}=-\dfrac{100\text{ k}\Omega}{10\text{ k}\Omega}=-10$

平衡电阻 $R_P=R_1//R_f=10\text{ k}\Omega//100\text{ k}\Omega=9.1(\text{k}\Omega)$

（2）同相比例运算电路。同相比例运算电路如图 2-46 所示。输入信号 u_i 通过平衡电阻 R_P 加入集成运放的同相输入端；输出信号通过反馈电阻 R_f 接到集成运放反相输入端，形成电压串联负反馈。同样 $R_P=R_1//R_f$。

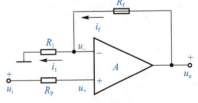

根据虚短和虚断的特点，有 $u_+=u_-$，$i_+=i_-=0$，可得 $u_+=u_-=u_i$，$i_1=i_f$

图 2-46 同相比例运算电路

从图 2-46 中可以看出：

$$i_1=\frac{u_--0}{R_1}=\frac{u_i}{R_1},\quad i_f=\frac{u_o-u_-}{R_f}=\frac{u_o-u_i}{R_f} \quad (2\text{-}44)$$

因为 $i_1=i_f$，所以 $\dfrac{u_i}{R_1}=\dfrac{u_o-u_i}{R_f}$，整理可得

$$u_o=\left(1+\frac{R_f}{R_1}\right)u_i \quad (2\text{-}45)$$

从式(2-45)可以看出，输出和输入之间成同相比例运算关系，$1+R_f/R_1$ 为比例系数，也是同相比例运算电路的闭环电压放大倍数 A_{uf}。在该电路中，如果 $R_f=0$ 或 $R_1=\infty$（开路），如图 2-47 所示，则 $u_o=u_i$，即输出电压与输入电压相等，且相位相同，这种电路称为电压跟随器。

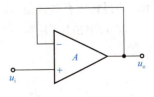

图 2-47 电压跟随器

【例 2-4】 电压-电流($U-I$)变换电路是比例运算电路的一个实际应用,可以用来产生与输入电压成比例的输出电流。图 2-48 所示是一个同相输入的 $U-I$ 变换电路,试写出负载电流与输入电压的关系。

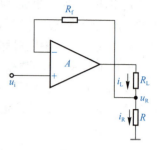

解: 根据虚短和虚断的特点,有 $u_+ = u_- = u_i$,$i_+ = i_- = 0$,可得

$$u_R = u_i, \quad i_L = i_R$$

所以

$$i_L = i_R = \frac{u_i}{R}$$

图 2-48 $U\text{-}I$ 变换电路

可以看出,负载电流 i_L 与输入电压 u_i 成正比,且与负载电阻 R_L 的大小无关。

2. 加法运算电路

(1)反相加法运算电路。反相加法运算电路如图 2-49 所示。电路中,有三个输入信号通过电阻加到反相输入端;R_P 为平衡电阻,$R_P = R_1 // R_2 // R_3 // R_f$。在该电路中,输入端可为两个或扩展至多个。

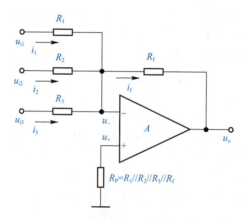

加法电路

图 2-49 反相加法运算电路

为了求解该电路输出电压与输入电压的关系,可以利用以下两种方法:

①节点电流法。根据虚短和虚断的特点,有 $u_+ = u_-$,$i_+ = i_- = 0$,可得

$$u_+ = u_- = 0, \quad i_f = i_1 + i_2 + i_3$$

即

$$-\frac{u_o}{R_f} = \frac{u_{i1}}{R_1} + \frac{u_{i2}}{R_2} + \frac{u_{i3}}{R_3}$$

整理可得

$$u_o = -\left(\frac{R_f}{R_1}u_{i1} + \frac{R_f}{R_2}u_{i2} + \frac{R_f}{R_3}u_{i3}\right) \tag{2-46}$$

②利用叠加原理。首先求解每个输入信号单独作用时的输出电压,然后将所有结果相加,即得到所有输入信号同时作用时的输出电压。

设 u_{i1} 单独作用,u_{i2} 和 u_{i3} 接地时的输出电压为 u_{o1},此时,电路实现的是反相比例运算,可有

$$u_{o1} = -\frac{R_f}{R_1}u_{i1}$$

利用同样方法，分别求出 u_{i2} 和 u_{i3} 单独作用时的输出电压 u_{o2} 和 u_{o3}。

$$u_{o2}=-\frac{R_f}{R_2}u_{i2},\quad u_{o3}=-\frac{R_f}{R_3}u_{i3}$$

当 u_{i1}、u_{i2}、u_{i3} 同时作用时，则有

$$u_o=u_{o1}+u_{o2}+u_{o3}=-\left(\frac{R_f}{R_1}u_{i1}+\frac{R_f}{R_2}u_{i2}+\frac{R_f}{R_3}u_{i3}\right) \tag{2-47}$$

从式(2-46)、式(2-47)可以看出，反相加法电路输出电压与各输入电压成反相比例相加，若取 $R_1=R_2=R_3=R_f$，则有 $u_o=-(u_{i1}+u_{i2}+u_{i3})$，输出实现了对输入的求和。

(2)同相加法运算电路。当多个输入信号同时作用于集成运放同相输入端时，就构成同相加法运算电路，电路如图 2-50 所示。同相加法运算电路物理意义清楚，但计算和调试都相对烦琐，对电阻要求也高，这里不再赘述。

3. 减法运算电路

减法运算电路如图 2-51 所示。电路同相输入端和反相输入端都有输入信号，电路可以实现同相输入端与反相输入端输入信号的减法运算。

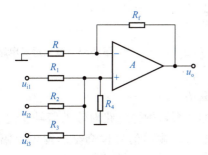

图 2-50　同相加法运算电路

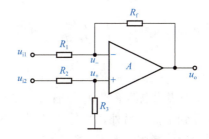

图 2-51　减法运算电路

根据虚断的特点，$i_+=i_-=0$，分析电路可得

$$\frac{u_{i1}-u_-}{R_1}=\frac{u_o-u_-}{R_f} \tag{2-48}$$

$$\frac{u_{i2}-u_+}{R_1}=\frac{u_+}{R_3} \tag{2-49}$$

又因为虚短：$u_+=u_-$，结合式(2-48)和式(2-49)式可得

$$u_o=\left(1+\frac{R_f}{R_1}\right)\frac{R_3}{R_2+R_3}u_{i2}-\frac{R_f}{R_1}u_{i1} \tag{2-50}$$

若有 $R_1=R_2$，$R_3=R_f$，则输出电压为

$$u_o=\frac{R_f}{R_1}(u_{i2}-u_{i1}) \tag{2-51}$$

若有 $R_1=R_2=R_3=R_f$，则输出电压为 $u_o=u_{i2}-u_{i1}$

4. 积分运算电路

基本积分运算电路如图 2-52 所示，从电路结构上可以看出，它将反向比例运算电路中的反馈电阻 R_f 用了一个反馈电容 C 来代替。

根据虚短和虚断的特点，有 $u_+=u_-$，$i_+=i_-=0$，可得

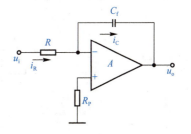

图 2-52　积分运算电路

$$u_+ = u_- = 0, \quad i_R = i_C = \frac{u_i}{R}$$

$$u_o = -u_C = -\frac{1}{C}\int i_C dt = -\frac{1}{RC}\int u_i dt \tag{2-52}$$

式(2-52)表明电路输出 u_o 与输入 u_i 是积分的关系，负号表示输出与输入相位相反，电阻 R 与电容 C 的乘积称作时间常数，用 τ 表示，即 $\tau = RC$。

当电路输入信号为直流信号时，即 $u_i = U$，则 $u_o = -\dfrac{U(t-t_0)}{RC}$

积分电路是控制和测量系统的重要单元，广泛应用于波形变换、定时和延时电路。

5. 微分运算电路

将基本积分运算电路中电阻 R 与电容 C 位置互换就构成了微分运算电路，如图 2-53 所示。

根据虚短和虚断的特点，有 $u_+ = u_-$，$i_+ = i_- = 0$，可得

$$u_+ = u_- = 0, \quad u_i = u_C, \quad i_R = i_C = \frac{0-u_o}{R} = -\frac{u_o}{R}$$

对于电容有 $i_C = C\dfrac{du_C}{dt} = C\dfrac{du_i}{dt}$，可得

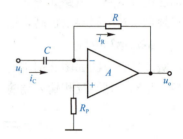

图 2-53 微分运算电路

$$u_o = -RC\frac{du_i}{dt} \tag{2-53}$$

式(2-53)表明电路输出 u_o 与输入 u_i 是微分的关系，微分电路对输入信号变化量非常敏感，容易受到干扰。另外，当输入信号发生突变时，输出信号也会突然发生大幅度跳变，可能会引起运放堵塞，无法正常工作。

2.6.4 集成运放的非线性应用

当集成运放在开环状态下工作时，由于开环电压放大倍数很高，即使输入端有一个非常微小的差值信号，也会使集成运放达到饱和，使其工作在非线性区。电压比较器是集成运放工作在非线性区的最常见的应用。

电压比较器是将输入电压与基准电压进行大小比较，并将比较结果以高电平或低电平的形式输出。这样，比较器的输入是连续变化的模拟信号，而输出是数字电压波形。电压比较器经常应用在波形变换、信号发生、报警、模/数转换等电路。

1. 单限电压比较器

单限电压比较器是一种简单的电压比较器，它将输入信号与某个固定的电压进行比较，因为只有一个比较值，故称作单限电压比较器，电路如图 2-54(a)所示。

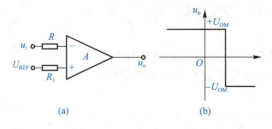

图 2-54 单限电压比较器及其电压传输特性

(a)单限电压比较器电路；(b)电压传输特性

由理想集成运放工作在非线性区虚断和两值性的特点可知：

当 $u_i > U_{REF}$，$u_o = -U_{OM}$；

当 $u_i < U_{REF}$，$u_o = U_{OM}$。

可以看出，输出电压具有两个稳定值，同时将电路输入与输出用特性曲线表示，如图 2-54(b)所示，该曲线也叫作电压传输特性曲线。将输出电压跳变时刻对应的输入电压称为阈值电压或者门限电压，用 U_T 表示。图 2-54(a)所示的单限电压比较器门限电压就是 U_{REF}。

当门限电压 $U_{REF}=0$ V 时，输入电压每次经过 0 V 就会发生跳变，这样的电路为过零比较器，其电路结构和传输特性如图 2-55 所示。

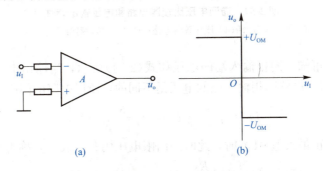

图 2-55 过零比较器及其电压传输特性

(a)过零比较器电路；(b)电压传输特性

在实际应用过程中，为了限制集成运放的差模输入电压，保护其输入级，可加二极管限幅电路，如图 2-56(a)所示。同时，为了满足负载的需要，常在集成运放的输出端加稳压管限幅电路，从而获得合适的输出电压，如图 2-56(b)所示。

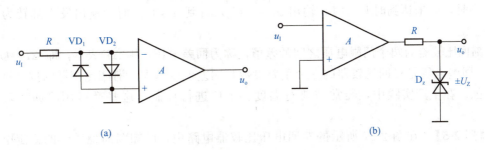

图 2-56 电压比较器输入保护电路和限幅电路

(a)带输入保护的电压比较器；(b)输出限幅的电压比较器

2. 滞回电压比较器

单限电压比较器的电路比较简单，但当输入电压在基准电压值附近有干扰的波动时，将会引起输出电压的跳变，可能致使电路的执行电路产生误动作。为了提高电路的抗干扰能力，常常采用滞回电压比较器。

滞回电压比较器电路如图 2-57(a)所示。电路中引入一个正反馈，从而使门限电压不再固定，而是随输出电压而变。

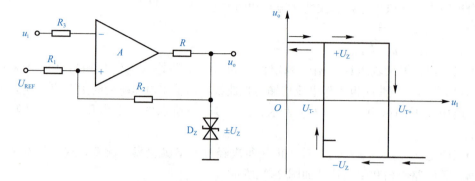

图 2-57 滞回电压比较器电路和电压输出特性
(a)滞回电压比较器电路；(b)电压传输特性

根据叠加原理可知，同相输入端的电压如式(2-54)所示，当输出电压为正最大值$+U_Z$和负最大值$-U_Z$时，电路同相输入端的电压是不同的，所以电路的门限电压有两个。

$$U_+ = \frac{R_2}{R_1+R_2}U_{REF} \pm \frac{R_1}{R_1+R_2} \cdot U_Z \tag{2-54}$$

当输出电压为正最大值$+U_Z$时，此时的门限电压用U_{T+}表示，称为上限门限电压：

$$U_{T+} = \frac{R_2}{R_1+R_2}U_{REF} + \frac{R_1}{R_1+R_2} \cdot U_Z \tag{2-55}$$

当输出电压为负最大值$-U_Z$时，此时的门限电压用U_{T-}表示，称为下限门限电压：

$$U_{T-} = \frac{R_2}{R_1+R_2}U_{REF} - \frac{R_1}{R_1+R_2} \cdot U_Z \tag{2-56}$$

对于滞回电压比较器，当u_i由小于U_{T-}开始正向增大时，u_i未达到时U_{T+}时，输出$u_o=+U_Z$，直到$u_i>U_{T+}$时，输出发生翻转为$u_o=-U_Z$。反之，当u_i由大于U_{T+}开始负向减小时，u_i未达到时U_{T-}时，输出$u_o=-U_Z$，直到$u_i<U_{T-}$时，输出发生翻转为$u_o=+U_Z$。

滞回比较器的两个门限电压之间的差值，称为回差电压，用ΔT表示，即$\Delta T = U_{T+} - U_{T-}$。回差电压是滞回比较器的一个重要参数，回差电压越大，滞回比较器的抗干扰能力就越强。在生产实践中，经常需要对温度、水位进行控制，这些都可用滞回比较器来实现。

【例 2-5】 在图 2-57 所示的滞回电压比较器电路中，已知双向稳压管的稳定电压为$U_Z=\pm 5$ V，$R_1=R_2=10$ kΩ，$U_{REF}=0$ V，输入信号为$u_i=3\sin\omega t$ V，试求该电路的门限电压，并画出输出波形。

解： 由于电路参考电压$U_{REF}=0$ V，输出电压$U_Z=\pm 5$ V，根据式(2-55)和式(2-56)可知，电路的上限门限电压和下限门限电压分别为

$$U_{T+} = 0 + \frac{10}{10+10} \times 5 = 2.5(\text{V})$$

$$U_{T-} = 0 - \frac{10}{10+10} \times 5 = -2.5(\text{V})$$

输出电压波形如图 2-58 所示。

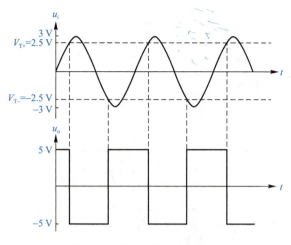

图 2-58　例 2-5 输出电压波形

🖮 任务实施

集成运放线性应用

1. 目的

(1)研究由集成运算放大器组成的比例、加法、减法和积分等基本运算电路的功能。

(2)了解运算放大器在实际应用时应考虑的问题。

2. 设备与器件

直流电源、直流电压表、集成运放μA741、电阻器、电容器若干，导线若干。

3. 预习要求

查阅μA741典型指标数据及管脚功能。

4. 内容及步骤

(1)认识集成运放μA741各引脚。本实验采用的集成运放型号为μA741(或 F007)，引脚排列如图 2-59 所示，它是八脚双列直插式组件，2 脚和 3 脚为反相和同相输入端，6 脚为输出端，7 脚和 4 脚为正、负电源端，1 脚和 5 脚为失调调零端，8 脚为空脚。

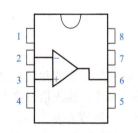

图 2-59　集成运放引脚排列

(2)调零。理想运放组件，当输入信号为零时，其输出也为零。但是即使是最优质的集成组件，由于运放内部差动输入级参数的不完全对称，输出电压往往不为零。这种零输入时输出不为零的现象称为集成运放的失调。

为解决失调问题，将电路进行以下连接。在1、5 之间接入调零电位器 R_W(10 kΩ)，调零电路如图 2-60 所示。调零时，将输入端接地，输出端接到直流电压表上，细心调节 R_W，使 U_o 为零(失调电压为零)。

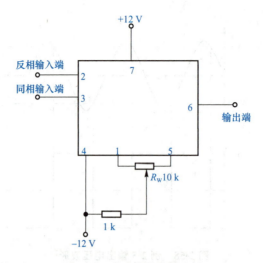

图 2-60　集成运放调零电路

(3) 反相比例运算电路。

① 按图 2-61 连接电路，接通 ±12 V 电源，输入端对地短路，调零。

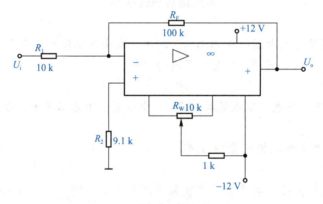

图 2-61　反向比例运算电路

② 利用综合实验装置台上的可调直流电压源，将直流电压调至 0.5 V 或 0.2 V，并分别将该电压作为输入信号接入反向比例运算电路，然后利用直流电压表测量输出电压，最后将测量结果填入表 2-14。

表 2-14　反向比例运算电路测量结果

U_i/V	U_o/V	A_v 实测值	A_v 理论值
0.5			
0.2			

(4) 反相加法运算电路。

① 按图 2-62 所示电路图连接电路，接通 ±12 V 电源，输入端对地短路，调零。

② 按照反向比例电路中输入信号的接法和输出信号的测量方法，完成表 2-15 中数据测量，并将结果填入表中。

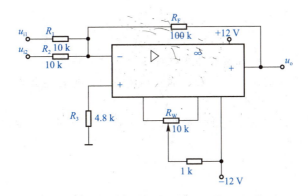

图 2-62 反向加法运算电路

表 2-15 反向加法运算电路测量结果

U_{i1}/V	0.2	0	0.5	0.7	0.3
U_{i2}/V	0.7	0	0.6	0.1	0.2
U_o/V					

(5) 积分运算电路。电路如图 2-63 所示。

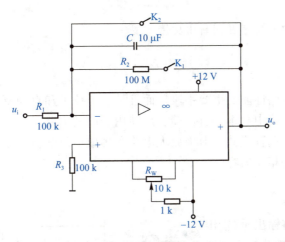

图 2-63 积分运算电路

①打开 K_2,闭合 K_1,对运放输出进行调零。
②调零完成后,再打开 K_1,闭合 K_2,使 $U_C(0)=0$。
③预先调好直流输入电压 $U_i=0.5$ V,接入电路,再打开 K_2,然后用直流电压表测量输出电压 U_o,每隔 5 s 读一次 U_o,记入表 2-16,直到 U_o 不继续明显增大为止。

表 2-16 积分运算电路测量数据

t/s	0	5	10	15	20	25	30	…
U_o/V								

任务思考

1. 理想集成运放工作在线性区和非线性区时各有什么特点？
2. 理想集成运放构成的比例、减法、加法运算电路，输出电压与输入电压的关系是否会随着电路所带负载的变化而变化？
3. 在由集成运放构成的基本运算电路中，无论输入电压多大，输出电压与输入电压的关系是否都是不变的？

任务 2.7 放大电路中的反馈

任务目标

1. 知识目标

- 了解反馈的概念。
- 掌握反馈的类型和判别方法。
- 了解负反馈的四种组态。
- 了解负反馈对放大电路性能的影响。

2. 能力目标

- 能够找出电路中的反馈并判断出反馈类型。

知识准备

反馈不仅是改善电路性能的重要手段，而且是电子技术和自动调节原理中的一个基本概念。在实际使用的电路中基本都有反馈。反馈用于放大电路，可以从多方面改善电路性能，在前面讲述的分压偏置式共发射极放大电路和集成运放线性区中都曾提到过反馈，下面具体学习一下反馈的相关内容。

2.7.1 反馈的概念

在电子电路中，将输出量(输出电压或输出电流)的一部分或全部通过一定的电路形式作用到输入回路，从而影响其输入量(放大电路的输入电压或输入电流)的措施称为反馈，引入反馈的放大电路可用图 2-64 所示的框图表示。

图 2-64 反馈放大电路框图

放大电路中的反馈

在具有反馈的放大电路中，按照各部分电路的主要功能可将其分为基本放大电路和反馈网络两部分。基本放大电路的主要功能是放大信号，反馈网络的主要功能是传递反馈信号，它可以是一条导线，也可以是由一个或若干个电路元件组成的，在电路中起把输出信号回送给输入端的作用。因此，判断一个放大电路是否存在反馈，主要看输入、输出之间是否存在有效的反馈回路，若存在，则该电路具有反馈，如果不存在，则该电路不存在反馈。

在具有反馈的放大电路中,基本放大电路的输入信号称为净输入量,它不但取决于输入量,还与反馈量有关。

2.7.2 反馈的类型及作用

放大电路中的反馈可以从不同角度分类。

1. 正反馈和负反馈

根据反馈的效果可以区分反馈的极性,使放大电路净输入量增大的反馈称为正反馈,使放大电路净输入量减小的反馈称为负反馈。

作用:引入负反馈可以从许多方面改善放大电路的性能,其应用非常广泛,在所有实用的放大电路中都适当地引入了负反馈,而正反馈主要用于波形产生电路,以构成自激振荡。

2. 直流反馈和交流反馈

如果反馈量只含有直流量,称为直流反馈;如果反馈量只含有交流量,称为交流反馈;或者说,仅在直流通路中存在的反馈称为直流反馈;仅在交流通路中存在的反馈称为交流反馈。在很多放大电路中,常常是交、直流反馈兼而有之。

作用:直流负反馈主要用于稳定放大电路的静态工作点,交流负反馈主要用于影响放大电路的交流性能。

3. 电压反馈和电流反馈

根据反馈量在放大电路输出端的取样方式不同,反馈可以分为电压反馈和电流反馈。若反馈信号是输出电压的全部或者一部分,称为电压反馈;若反馈信号是输出电流的全部或者一部分,称为电流反馈。

作用:电压反馈可以稳定输出电压,降低输出电阻;电流反馈可以稳定输出电流,提高输出电阻。

4. 串联反馈和并联反馈

根据反馈信号与输入信号在输入端的叠加方式不同,反馈可分为串联反馈和并联反馈。若反馈信号与输入信号在输入端以电压形式叠加,此种反馈方式为串联反馈;若反馈信号与输入信号在输入端以电流形式叠加,此种反馈方式为并联反馈。

作用:串联负反馈使输入电阻增大;并联负反馈使输入电阻减小。

5. 局部反馈和级间反馈

只对多级放大电路中某一级起反馈作用的称为本级反馈;将多级放大电路的输出量引回到其输入级的输入回路的称为级间反馈。如在图 2-65 所示的电路中,通过电阻 R_3 把运放 A_2 的输出引入该运放的输入端,属于局部反馈;而通过 R_4 则把运放 A_2 的输出引入第一级运放 A_1 的输入端,该反馈属于级间反馈。通常主要研究级间反馈。

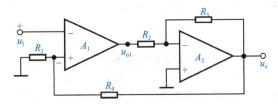

图 2-65 本级反馈和级间反馈

2.7.3 反馈的判断

正确判断反馈的性质是研究反馈放大电路的基础。在判断反馈时，首先要判断电路是否存在反馈，如果存在，找出反馈元件；其次判断反馈的极性是正反馈还是负反馈，以及反馈是交流反馈还是直流反馈；最后判断反馈是串、并联反馈还是电压、电流反馈。

反馈的判别方法

1. 有无反馈的判断

找出反馈网络，如果放大电路中存在将输出回路与输入回路相连接的通路，即反馈网络，并由此影响了放大电路的净输入，则表明电路引入了反馈，否则电路中便没有反馈。

【例 2-6】 判断图 2-66 所示的电路中，是否存在反馈。

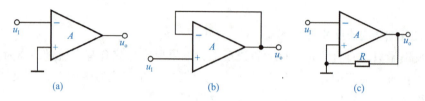

图 2-66 例 2-6 图

解：在图 2-66(a)所示电路中，集成运放的输出端与同相输入端、反相输入端均无通路，故电路(a)中没有引入反馈。

在图 2-66(b)所示电路中，集成运放的输出端与反相输入端相连，存在反馈通路，反馈通路将输出电压全部反馈到输入端，故电路(b)中存在反馈。

在图 2-66(c)所示电路中，虽然电阻 R 跨接在集成运放的输出端与同相输入端之间，但是由于同相输入端接地，所以，R 只是集成运放的负载，而不会使 u_o 作用于输入回路，故电路(c)中没有引入反馈。

2. 直流反馈和交流反馈的判断

直流反馈和交流反馈的判断方法是"看通路"，即看反馈是存在于直流通路还是交流通路中。若反馈通路存在于直流通路中为直流反馈；若反馈通路存在于交流通路中为交流反馈；若反馈通路既存在于直流通路中，又存在于交流通路里，则交流反馈和直流反馈都有。

【例 2-7】 判断图 2-67 所示的电路中的反馈，是直流反馈还是交流反馈。

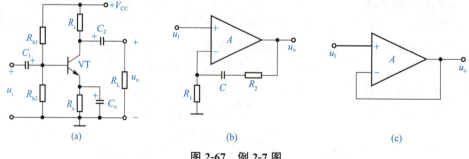

图 2-67 例 2-7 图

解：图 2-67(a)所示为分压偏置式共发射极放大电路，发射电阻 R_e 既包含于输出回路中，又包含于输入回路中，是该电路的反馈元件，由于旁路电容 C_e 的存在，R_e 只可能存在于直流通路中，不可能存在于交流通路中，所以 R_e 是直流反馈。

图 2-67(b) 中 R_2 和 C 连接电路的输出和输入，且能将输出作用于输入，是电路的反馈通路，由于电容 C 的隔直通交作用，反馈只能将交流信号反馈到运放的输入端，即反馈只存在于交流通路中，故该电路为交流反馈。

在图 2-67(c) 中输出和输入之间通过导线相连，它既可以通交流，也可以通直流，故该电路中交流反馈和直流反馈都有。

3. 正反馈和负反馈的判断

判断反馈是正反馈还是负反馈所用的方法是瞬时极性法。瞬时极性法指同一瞬间各交流量的相对极性，在电路图上用 ⊕ 和 ⊖ 表示。具体步骤如下：

(1) 规定电路输入信号在某一时刻对地的极性，一般规定为正，在输入信号处标上符号 ⊕。

(2) 以输入量为依据，逐级判断并标出电路中各相关点的极性，从而得到输出信号的极性，根据输出信号的极性判断出反馈信号的极性（这里需要特别指出，反馈量仅仅决定于输出量，而与输入量无关）。

(3) 将反馈量与输入量比较，若反馈信号使基本放大电路的净输入信号增大，则说明引入了正反馈；若反馈信号使基本放大电路的净输入信号减小，则说明引入了负反馈。

一般，对于分立元件构成的放大电路，可以通过判断输入级晶体管的净输入电压（b—e 间或 e—b 间电压）或者净输入电流 i_B 或 i_E 因反馈的引入被增大还是被减小，来判断反馈的极性。

【例 2-8】 判断图 2-68 所示电路中的反馈是正反馈还是负反馈。

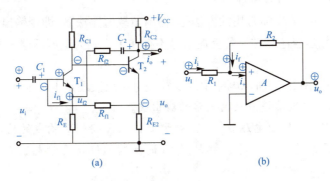

图 2-68 例 2-8 图

解： 图 2-68(a) 所示的电路是由分立元件构成的两级放大电路，该电路中反馈网络有两个，一个是由 C_2、R_{f2} 和 R_{E1} 构成的反馈网络，另一个是由 R_{f1} 构成的反馈网络。

对于由 C_2、R_{f2} 和 R_{E1} 构成的反馈网络，按照瞬时极性法，标出输入电压的瞬时极性为 ⊕ → T_1 基极电位也为 ⊕ → 第一级输出信号 u_{c1} 为 ⊖（共发射极放大电路输出与输入反相）→ T_2 基极交流电位也为 ⊖ → 第二级输出信号 u_{c2} 为 ⊕ → 经 C_2、R_{f2}、R_{E1} 反馈到 T_1 发射极反馈信号 u_{f2} 为 ⊕，从而使该放大电路的净输入信号 $u_{be}=u_i-u_f$ 比没有反馈时的 $u_{be}=u_i$ 减小了，所以，由 C_2、R_{f2} 和 R_{E1} 构成的反馈是负反馈。

对于由 R_{f1} 构成的反馈网络，按照瞬时极性法，标出输入电流的瞬时极性为 ⊕ → T_1 基极电流也为 ⊕ → 第一级输出信号 u_{c1} 为 ⊖ → T_2 基极电位也为 ⊖ → 第二级输出信号 u_{c2} 为 ⊖（共发射极放大电路基极与发射极同相)→经 R_{f1} 反馈到 T_1 基极反馈信号 i_{f1} 为 ⊖，从而使该放大电路的净输入电流 $i_b=i_i-i_{f1}$ 比没有反馈时的 $i_b=i_i$ 减小了，所以由 R_{f1} 构成的反馈是负反馈。

在图 2-68(b)所示的电路中，设输入电流 i_i 瞬时极性为 ⊕，输入电流由集成运放同相输入端输入，电位 u_+ 对地为 ⊕，因而输出电压极性 u_o 对地为 ⊕，u_o 作用于电阻 R_2 产生电流 i_f 也为 ⊕，如图中所标注，导致集成运放的净输入电流 $i_+=i_i+i_f$ 比没有反馈时的 $i_+=i_i$ 增加，所以，电路引入了正反馈。

4. 串联反馈和并联反馈的判断

串联反馈和并联反馈由反馈网络在放大电路输入端的连接方式判定。若反馈信号通过反馈网络与输入信号串接在放大电路输入端的不同节点上为串联反馈，反馈信号与输入信号在输入端以电压形式叠加；若反馈信号通过反馈网络与输入信号并接在放大电路输入端的同一节点上为并联反馈，反馈信号与输入信号在输入端以电流形式叠加。

【例 2-9】 判断图 2-68 所示电路中的反馈是串联反馈还是并联反馈。

解：判断串、并联反馈看放大电路的输入端。

图在 2-68(a)中，对于由 C_2、R_{f2} 和 R_{E1} 构成的反馈网络，反馈信号与输入信号在输入端不能接至同一节点上，为串联反馈；对于 R_{f1} 构成的反馈网络，反馈信号与输入信号在输入端可以接至同一节点上(T_1 的基极)，为并联反馈。

在图 2-68(b)中，R_2 引入的反馈信号与输入信号在输入端可以接至同一节点上(运放的同相输入端)，为并联反馈。

5. 电压反馈和电流反馈的判断

判断电压反馈和电流反馈常用的方法是"输出负载短路法"，即令输出电压 $u_o=0$，或者 $R_L=0$，看反馈信号是否还存在，若反馈信号不存在了，则为电压反馈；若反馈信号依然存在，则为电流反馈。

【例 2-10】 判断图 2-68 所示电路中的反馈是电压反馈还是电流反馈。

解：判断电压、电流反馈看放大电路的输出端。

在图 2-68(a)中，令输出电压 $u_o=0$，对于由 C_2、R_{f2} 和 R_{E1} 构成的反馈网络，反馈电压 $u_{f2}=0$，所以，该反馈为电压；对于由 R_{f1} 构成的反馈网络，反馈电流 i_{f1} 依然存在，所以，该反馈为电流反馈。

在图 2-68(b)中，反馈信号是流过反馈元件 R_2 的反馈电流 i_f，令输出电压 $u_o=0$，则 $i_f=0$，故该反馈是电压反馈。

2.7.4 交流负反馈的四种类型

引入了交流负反馈的放大电路称为负反馈放大电路，负反馈放大电路有四种基本组态，即电压串联负反馈、电压并联负反馈、电流串联负反馈和电流并联负反馈。

1. 电压串联负反馈

电压串联负反馈框图如图 2-69(a)所示，在该组态中，反馈网络输入端与放大电路输出端并联，反馈网络输出端与放大电路输入端串联。反馈信号从输出电压取样，通过反馈网络得到反馈电压，然后与输入电压相比较，求得差值作为净输入电压进行放大。图 2-69(b)所示为电压串联负反馈的一个实际电路。

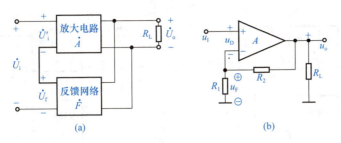

图 2-69 电压串联负反馈

(a)框图；(b)实际电路

电压串联负反馈的重要作用如下：

(1)稳定输出电压。在图 2-69(b)电路中，当输入信号 u_1 一定，当由于某种原因(如负载电阻减小)使 u_o 下降时，由于负反馈的作用，电路将进行以下调节：

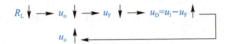

因此，电压串联负反馈放大电路是一个电压控制的电压源。

(2)输出端采用电压负反馈，可以减小输出电阻。

(3)输入端采用串联负反馈，可以增大输入电阻。

2. 电压并联负反馈

电压并联负反馈框图如图 2-70 所示，在该组态中，反馈网络输入端与放大电路输出端并联，反馈网络输出端与放大电路输入端并联。反馈信号从输出电压取样，通过反馈网络将反馈电压变为反馈电流，然后与输入电流相比较，求得差值作为净输入电流进行放大。

电压并联负反馈的重要作用如下：

(1)稳定输出电压。通过电流控制电压，是一种电流控制电压的放大器。

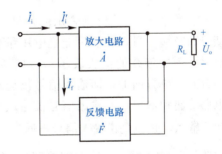

图 2-70 电压并联负反馈框图

(2)输出端采用电压负反馈，可以减小输出电阻。

3. 电流串联负反馈

电流串联负反馈框图如图 2-71 所示，在该组态中，反馈网络输入端与放大电路输出端串联，反馈网络输出端与放大电路输入端串联。反馈信号从输出电流取样，通过反馈网络将反馈电流变为反馈电压，然后与输入电压相比较，求得差值作为净输入电压进行放大。

电流串联负反馈的重要作用是稳定输出电流、增大输入电阻。

4. 电流并联负反馈

电流并联负反馈框图如图 2-72 所示，在该组态中，反馈网络输入端与放大电路输出端串联，反馈网络输出端与放大电路输入端并联。反馈信号从输出电流取样，通过反馈网络得到反馈电流，然后与输入电流相比较，求得差值作为净输入电流进行放大。

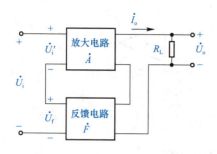
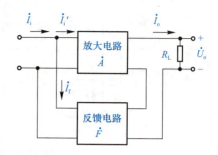

图 2-71 电流串联负反馈框图　　　　图 2-72 电流并联负反馈框图

电流并联负反馈的重要作用是稳定输出电流、增大输出电阻。

正确判断负反馈放大电路的组态非常重要，因为组态不同，放大电路的性能就不同。放大路中应引入电压负反馈还是电流负反馈，取决于负载得到的是稳定的电压还是稳定的电流；放大电路中应引入串联负反馈还是并联负反馈，取决于输入信号源是恒压源（或近似恒压源）还是恒流源（或近似恒流源），恒压源（或近似恒压源）用串联反馈，恒流源（或近似恒流源）用并联反馈。

2.7.5　负反馈放大电路增益的一般表达式

为了深入研究反馈放大电路中负反馈的一般规律，将反馈放大电路框图中的各个量用数学量表示后，则如图 2-73 所示。

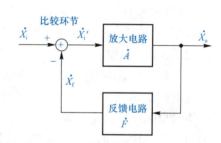

$\dot{X}_i$、$\dot{X}_o$、$\dot{X}_f$、$\dot{X}'_i$ 分别表示输入量、输出量、反馈量和净输入量，它们可能是电压量也可能是电流量。图中连线的箭头表示信号的流通方向，流通方向是单方向的，即输入信号仅通过基本放大电路传递到输出，而输出信号仅通过反馈网络

图 2-73　反馈放大电路的组成框图

传递到输入，也就是说输入信号不通过反馈网络传递到输出，而输出信号也不通过基本放大电路传递到输入。－表示比较环节，输入信号 $\dot{X}_i$ 和反馈信号 $\dot{X}_f$ 在此经过叠加得到净输入信号 $\dot{X}'_i$，即

$$\dot{X}'_i = \dot{X}_i - \dot{X}_f \tag{2-57}$$

$\dot{A}$ 表示基本放大电路的放大倍数，也叫开环放大倍数，定义为

$$\dot{A} = \frac{\dot{X}_o}{\dot{X}'_i} \tag{2-58}$$

$\dot{F}$ 表示反馈系数，定义为

$$\dot{F} = \frac{\dot{X}_f}{\dot{X}_o} \tag{2-59}$$

引入反馈后，放大电路输出信号 $\dot{X}_o$ 与外加输入信号 $\dot{X}_i$ 的比值，称为反馈放大电路的放

大倍数，也叫闭环放大倍数，用$\dot{A}_f$表示，即

$$\dot{A}_f = \frac{\dot{X}_o}{\dot{X}_i} \tag{2-60}$$

根据上述关系可以推导出

$$\dot{X}_o = \dot{A}\dot{X}'_i = \dot{A}(\dot{X}_i - \dot{X}_f) = \dot{A}(\dot{X}_i - \dot{F}\dot{X}_o)$$

整理可得

$$\dot{A}_f = \frac{\dot{X}_o}{\dot{X}_i} = \frac{\dot{A}}{1+\dot{A}\dot{F}} \tag{2-61}$$

式(2-61)就是反馈放大电路的一般表达式，也叫作闭环增益方程。式中分母$1+\dot{A}\dot{F}$是反映反馈程度的重要指标，被称为反馈深度。放大电路引入反馈后，闭环放大倍数$\dot{A}_f$和电路各项性能的改善都与$|1+\dot{A}\dot{F}|$的大小有关。

关于一般关系式的讨论：

(1)若$|1+\dot{A}\dot{F}|>1$，则$|\dot{A}_f|<|\dot{A}|$，说明引入反馈后放大倍数比原来减小，这种反馈为负反馈。在负反馈情况下，如果$|1+\dot{A}\dot{F}|\gg1$，则电路进入深度负反馈，此时

$$\dot{A}_f = \frac{\dot{A}}{1+\dot{A}\dot{F}} \approx \frac{1}{\dot{F}} \tag{2-62}$$

式(2-62)说明，在深度负反馈条件下，闭环放大倍数$\dot{A}_f$几乎仅仅取决于反馈网络，而与基本放大电路无关。一般当反馈深度$|1+\dot{A}\dot{F}|\geqslant10$时，这时可认为电路处于深度负反馈。

(2)若$|1+\dot{A}\dot{F}|<1$，则$|\dot{A}_f|>|\dot{A}|$，说明引入反馈后放大倍数比原来增加，这种反馈为正反馈。

(3)$|1+\dot{A}\dot{F}|=0$，则$|\dot{A}_f|\to\infty$，说明放大电路在没有输入信号时，也会有输出信号，放大电路的这种状态称为自激振荡。

2.7.6 负反馈对放大器性能的影响

放大电路引入负反馈后，会使放大倍数减少，但电路的其他性能可以得到改善，比如，可以稳定放大倍数，改变输入电阻和输出电阻，展宽通频带，减小非线性失真等。

负反馈对放大电路性能的影响

1. 提高增益的稳定性

放大电路的增益(放大倍数)取决于晶体管及电路元件参数，环境温度的变化、电源电压的波动、元件的老化、器件的更换等原因都会引起放大倍数的变化，因此，在放大电路中常通过引入负反馈提高增益的稳定性。

一般情况下，增益的稳定性常用相对变化量之比来衡量。在中频段，放大倍数、反馈系数等均为实数时，闭环增益方程可写为

$$A_f = \frac{A}{1+AF} \tag{2-63}$$

将式(2-63)对 A 求导可得

$$\frac{\mathrm{d}A_f}{\mathrm{d}A}=\frac{1+AF-AF}{(1+AF)^2}=\frac{1}{(1+AF)^2}$$

或者
$$\mathrm{d}A_f=\frac{1+AF-AF}{(1+AF)^2}=\frac{1}{(1+AF)^2}\mathrm{d}A \tag{2-64}$$

将式(2-64)两边同时除以 A_f，又因为 $A_f=\dfrac{A}{1+AF}$，可得

$$\frac{\mathrm{d}A_f}{A_f}=\frac{1}{1+AF}\frac{\mathrm{d}A}{A} \tag{2-65}$$

式(2-65)表明，引入负反馈后，闭环增益相对变化量比开环增益相对变化量小，闭环增益的稳定性提高了，闭环增益相对变化量是开环增益相对变化量的 $1/(1+AF)$，且 $1+AF$ 越大，即负反馈越深，闭环增益的稳定性越好。

2. 减小非线性失真

由于放大电路的非线性特性，对于无反馈的放大电路，即使电路设置了合适的静态工作点，但当输入信号较大时，也会使输出信号出现非线性失真，如 2-74(a)所示，输入信号 X_i 为标准正弦波信号，经放大电路放大后，出现非线性失真，假设得到的输出信号 X_o 正半周幅值大，负半周幅值小。

对电路引入负反馈，如图 2-74(b)所示，反馈信号 X_f 也必然是一个与输出信号 X_o 成比例的正半周幅值大，负半周幅值小的信号。反馈信号 X_f 与输出信号 X_i 相比较，得到的净输入信号 $X'_i=X_i-X_f$ 将会是正半周幅值小而负半周幅值大的信号，再经过放大电路放大，结果将使输出波形正、负半周的幅值趋于一致，从而减小了非线性失真。

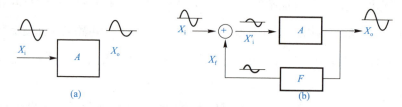

图 2-74 负反馈减小非线性失真示意

(a)无反馈时；(b)引入反馈时

3. 展宽通频带

对于放大电路而言，频率响应是一个重要指标，放大电路中，由于电抗元件及三极管本身结电容的存在，造成了放大器放大倍数随频率而变化，即中频段放大倍数较大，高频段和低频段放大倍数随频率的升高和降低而减小，如图 2-75 中 f_{BW} 所示。

引入负反馈后，就可以利用负反馈的自动调整作用将通频带展宽。具体来说就是在中频段，由于放大倍数大，输出信号大，反馈信号也大，使净输入信号减少得也多，中频段放大倍数也就会有较明显的降低。而在高频段和低频段，放大倍数较小，输出信号小，按比

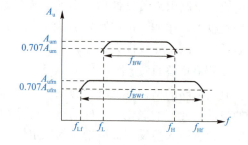

图 2-75 负反馈展宽通频带

例反馈的反馈信号也小,使净输入信号减少的程度比中频段小,高频段和低频段放大倍数降得少。这样,就从总体上使放大倍数随频率的变化减少了,幅频特性变得平坦,通频带得以展宽,如图 2-75 中 f_{BWf} 所示。

4. 影响输入电阻和输出电阻

(1)对输入电阻的影响。负反馈对输入电阻的影响,取决于基本放大电路与反馈网络在电路输入端的连接方式,即取决于电路引入的是串联反馈还是并联反馈,与输出端的取样方式无关。

引入串联负反馈,会使输入电阻增加,参照图 2-69 和图 2-71 的框图,它们在输入端采用的是串联负反馈。可以看出,由于反馈信号 $\dot{U}_{\mathrm{f}}$ 串入输入回路,对 $\dot{U}_{\mathrm{i}}$ 起分压作用,所以在 $\dot{U}_{\mathrm{i}}$ 一定条件下,串联负反馈的输入电流比无反馈时小,所以,此时输入电阻比无反馈时大了。

引入并联负反馈,会使输入电阻减少,参图照 2-70 和图 2-72 的框图,它们在输入端采用的是并联负反馈。可以看出,由于反馈信号 $\dot{I}_{\mathrm{f}}$ 并联于输入回路,对 $\dot{I}_{\mathrm{i}}$ 起分流作用,所以在净输入信号 $\dot{I}_{\mathrm{i}}'$ 一定的条件下,并联负反馈的输入电流将增大,所以,此时输入电阻比无反馈时小了。

(2)对输出电阻的影响。负反馈对输出电阻的影响,取决于基本放大电路与反馈网络在电路输出端的连接方式,即取决于电路引入的是电压反馈还是电流反馈,与输入端的取样方式无关。

引入电压负反馈,会使输出电阻减小。
引入电流负反馈,会使输出电阻增加。

任务实施

负反馈对放大电路的影响

1. 目的

(1)掌握放大电路中引入负反馈的方法。
(2)验证负反馈对放大器性能指标的影响。

2. 设备与器件

+12 V 直流电源、函数信号发生器、双踪示波器、交流毫伏表、直流电压表、直流毫安表、放大器电路(板)、万用表、导线、屏蔽线。

3. 预习要求

什么是负反馈?如何引入负反馈?负反馈对放大电路性能的影响有哪些?

4. 内容和步骤

本次任务依然选用图 2-36(b)所示的单管/负反馈两级放大器电路板。

(1)重复多级放大电路的装接与测试任务实施内容,把两级放大器调节到合理状态后,保持两级放大电路基极电阻 3 和 13 不动。

(2)调节函数信号发生器,使其输出信号为 1 kHz,30 mV,用示波器观察放大电路输出波形 u_{o},保证 u_{o} 不失真。

(3)断开反馈电阻 15,用交流毫伏表测量无负载时放大电路信号源电压、输入电压、输出电压的数值,并将测量结果分别填入表 2-17 中 u_{s1}、u_{i1}、u_{o1} 对应的空格。

(4)闭合反馈电阻 15,在电路中引入反馈,用交流毫伏表测量无负载时放大电路信号源电压、输入电压、输出电压的数值,并将测量结果分别填入表 2-17 中 u_{s2}、u_{i2}、u_{o2} 对应的空格。

(5)在实验台上,用万用表测量出一电阻,使其阻值 $R_L = 2.4 \text{ k}\Omega$,作为放大电路负载,并用交流毫伏表分别测量带负载放大电路在无反馈和有反馈情况下的输出电压 u_{L1} 和 u_{L2},并将测量结果填入表 2-17。

表 2-17 负反馈对放大电路性能影响测量与计算

	u_{s1}/mV	u_{i1}/mV	u_{L1}/V	u_{o1}/V	A_{ul}	R_i /kΩ	R_o /kΩ
基本放大器							
负反馈放大器	u_{s2}/mV	u_{i2}/mV	u_{L2}/V	u_{o2}/V	A_{uf}	R_{if} /kΩ	R_{of} /kΩ

(6)利用公式计算放大电路在无负载和有负载情况下的电压放大倍数、输入电阻和输出电阻,并将结果进行比较,分析负反馈对放大电路性能的影响。

任务思考

1. 想改善放大电路性能,在放大电路中引入交流正反馈,电路能正常工作吗?为什么?
2. 如果想通过引入反馈实现输入电阻高、输出电压稳定的放大电路,应当在电路中引入什么反馈?

任务 2.8 滤波器

任务目标

1. 知识目标
- 了解滤波器的分类。
- 掌握滤波器的幅频特性。

2. 能力目标
- 能够测量有源低通滤波器的幅频特性。

知识准备

2.8.1 滤波器的基本概念与分类

滤波器是一种能使有用频率信号通过而同时抑制无用频率信号的装置,在工程中常用于信号处理、数据传输和抑制噪声等。按照处理信号的不同，可分为数字滤波器和模拟滤波器。下面主要介绍模拟滤波器。

根据是否含有有源器件，滤波器可分为无源滤波器和有源滤波器。主要采用电感、电容和电阻元件构成的滤波器称为无源滤波器；由集成运放、电容、电阻等构成的滤波器称为有源滤波器。

对于滤波器而言，通常把能够通过的信号频率范围定义为通带，而把受阻的信号频率范围称为阻带，通带和阻带的界限频率叫作截止频率。根据通带和阻带位置不同，滤波器可分为低通滤波器（Low Pass Filter，LPF）、高通滤波器（High Pass Filter，HPF）、带通滤波器（Band Pass Filter，BPF）和带阻滤波器（Band Elimination Filter，BEF）。

（1）低通滤波器：通过从零到某一截止频率的信号，而大于截止频率的信号被抑制。

（2）高通滤波器：与低通滤波器相反，高于某一截止频率的信号能够通过，而低于这一截止频率的信号不能通过。

（3）带通滤波器：只能通过某两个截止频率之间的信号，高于或低于这一频率范围的信号都会被抑制。

（4）带阻滤波器：与带通滤波器相反，某两个频率之间的信号不能通过，低于或者高于这一频率范围的信号能够通过。

滤波器的理想频率响应特性如图 2-76 所示。允许通过的频段称为通带，将信号衰减到零的频段称为阻带。通带中输出电压与输入电压之比称为通带放大倍数，用 $|\dot{A}_{up}|$ 表示。实际上，各种滤波器的实际频响特性与理想特性是有差别的，滤波器设计的任务是力求向理想特性逼近。

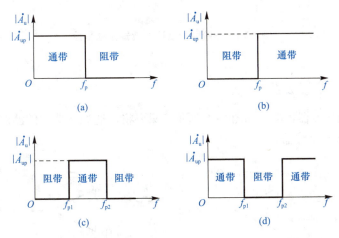

图 2-76 滤波器的理想频率响应特性

(a)低通滤波器；(b)高通滤波器；(c)带通滤波器；(d)带阻滤波器

2.8.2 低通有源滤波电路

最基本的低通有源滤波器是一阶低通有源滤波器，一阶低通滤波器有同相滤波器和反相滤波器两种，其电路如图 2-77 所示。

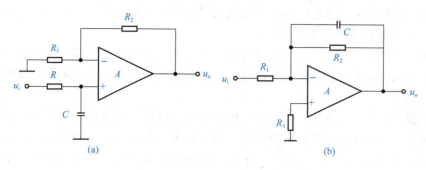

图 2-77 一阶低通滤波器

(a)一阶同相低通滤波器；(b)一阶反相低通滤波器

下面以一阶同相低通滤波器为例进行介绍。它由 RC 构成的低通滤波网络和同相比例运算电路组成，一阶同相低通滤波器不仅能实现滤波，同时也能放大电路，无源 RC 滤波网络实现滤波，同相比例运算可以实现放大。一阶同相低通滤波器频幅特性如图 2-78 所示。

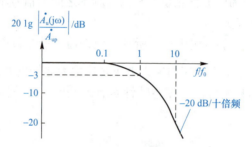

图 2-78 一阶同相低通滤波器频幅特性

2.8.3 有源高通滤波器

一阶有源高通滤波器，电路如图 2-79 所示，只要将低通滤波器中的滤波电阻 R 和电容 C 互换，即可得到高通滤波器。

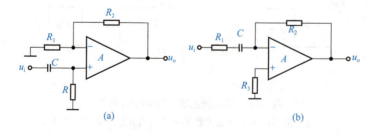

图 2-79 一阶高通滤波器

(a)同相高通滤波器；(b)反相高通滤波器

2.8.4 有源带通、带阻滤波器

带通滤波器与带阻滤波器电路如图 2-80 所示。图 2-80(a)中带通滤波器是由一个低

通滤波电路和一个高通滤波电路串联得到的,且低通电路的上限截止频率 f_L 高于高通滤波电路的下限截止频率 f_H,电路的通带为 f_L-f_H。图 2-80(b)中带阻滤波器是将一个低通滤波电路(由 R_2、R_3 和 C_3 构成)和一个高通滤波电路(由 C_1、C_2、R_4 构成)并联得到的,且低通电路的上限截止频率 f_L 低于高通滤波电路的下限截止频率 f_H,电路的阻带为 f_H-f_L。

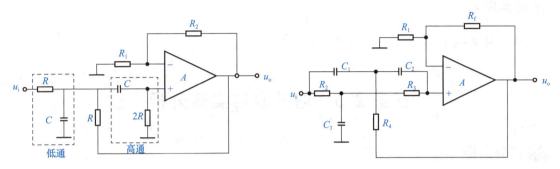

图 2-80 带通滤波器与带阻滤波器
(a)带通滤波器;(b)带阻滤波器

任务实施

有源低通滤波器

1. 目的

(1)加强对有源低通滤波的认识。
(2)学会测量有源低通滤波器的幅频特性。

2. 设备与器件

±12 V 直流电源、函数信号发生器、交流毫伏表、双踪示波器、频率计、μA741×1、电阻器、电容器若干。

3. 预习要求

熟悉滤波器的特性,计算实验电路低通滤波器的截止频率。

4. 内容及步骤

(1)按如图 2-81 所示常见低通滤波器原理图连接电路。

(2)观察低通滤波器特性:接通集成运放电源,调节函数信号发生器,令其输出为 1 V 的正弦波信号,并将信号接至电路输入端 u_i,在滤波器截止频率附近改变输入信号频率,用示波器或交流毫伏表观察输出电压幅度的变化是否具备低通特性,如不具备,应排除电路故障。

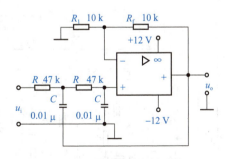

图 2-81 低通滤波器接线图

(3)描绘频率特性曲线:在输出波形不失真的条件下,选取适当幅度的正弦输入信号,在维持输入信号幅度不变的情况下,逐点改变输入信号频率。测量输出电压 u_o,记入表 2-18,并根据所得数据描绘低频滤波器的频率特性曲线。

表 2-18 频率特性曲线测试

f/Hz									
u_o/V									

📋 任务思考

有源滤波器和无源滤波器相比有什么优点？

任务 2.9 船舶应用实例分析

🧰 任务目标

1. 知识目标

- 了解小信号放大与信号处理在船舶中的应用实例。

2. 能力目标

- 能够分析船舶中小信号放大与信号处理的简单电路。

📖 相关知识

2.9.1 VSZ 系列增音式声力电话

目前，船舶指挥舱室和各操纵部门、各工作舱室之间为了保持指挥和通信联络，以保证船舶的安全，主要采用电话通信。在船舶重要场所，如主机旁、舵机舱、驾控台、集控台等，除配备自动电话系统外，通常配备有在失电情况下能正常通话的声力电话系统。为了保证通话质量，船舶中声力电话多采用增音式声力电话，图 2-82 所示为 VSZ-10 声力电话单机原理图。

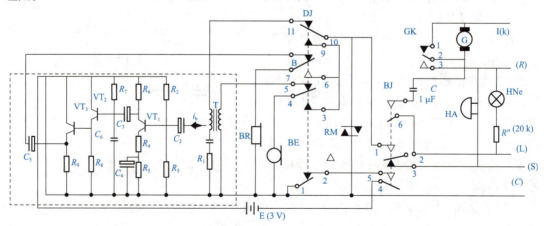

图 2-82 VSZ-10 声力电话单机原理图

图 2-82 中虚线部分为该声力电话的增音器部分,它主要采用了晶体管多级放大电路,将受话状态下输入的电流 i_b 加以放大,以起到了增加声量的作用。

2.9.2 温度测量放大电路

在船舶监测报警系统中,常需要用热电阻、热电偶等温度传感器进行温度测量,图 2-83 所示为温度信号采集与放大电路的原理图。

其中,电桥部分为测温单元,集成运放构成差动运算放大电路用于对信号进行放大。测温单元采用 PT 热电阻对温度进行测量,可采用两线制或三线制,用于将温度信号转换为与之相对应的电阻 R_t,再利用电桥将电阻转换成电压信号;后面的差动运算放大电路用于对电压的进一步放大。

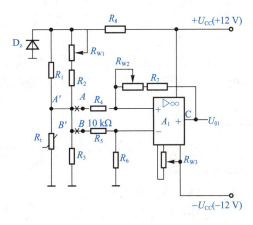

图 2-83 温度信号采集与放大电路原理图

2.9.3 仪表放大器

在工业生产中,经常要用到传感器对温度、压力、流量、位移等物理量进行检测。为了满足测量要求,在实际的传感器测量系统中,常采用图 2-84 所示的仪表放大器。

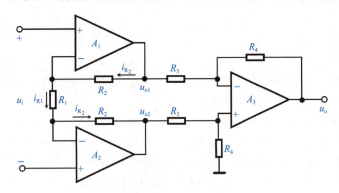

图 2-84 仪表放大器

根据虚短和虚断的特点,通过对运放 A_1 和 A_2 进行电路分析有

$$u_{R_1}=u_i, \quad i_{R_1}=\frac{u_{R_1}}{R_1}, \quad i_{R_2}=\frac{u_{o1}-u_{o2}}{2R_2+R_1}, \quad i_{R_1}=i_{R_2}$$

结合上面式子可得

$$u_{o1}-u_{o2}=(1+\frac{2R_2}{R_1})u_i$$

运放 A_3 为减法运算电路,通过(2-51)式可知:

$$u_o=\frac{R_4}{R_3}(u_{o2}-u_{o1})=-\frac{R_4}{R_3}(1+\frac{2R_2}{R_1})u_i$$

2.9.4 火焰监视电路

火焰监视电路主要用于检测船舶锅炉内有无火焰,以便在锅炉启动点不着火或正常燃

烧时报警或执行停炉保护程序，对于保护锅炉的安全运行具有重要的作用，图 2-85 所示为锅炉火焰监视电路的原理图。电路由 PNP 型晶体管构成的基本共射极放大电路，当炉内有火焰时，在火光的照射下，光敏电阻 R_g 阻值很小，PNP 型晶体管导通，继电器线圈中有电流，继电器相关触点动作，电路不报警；当炉内熄火时，光敏电阻 R_g 阻值很大，晶体管不导通，晶体管集电极几乎无电流，继电器线圈失电，继电器触点复位，电路发出报警或执行停炉保护。

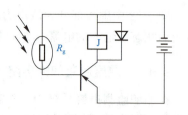

图 2-85　锅炉火焰监视电路原理图

任务实施

（1）在图 2-83 温度信号采集与放大电路的基础上，设计并实现一个简单的温度监测及控制电路。要求：

①电路可改变温控范围。

②电路可实现当温度高于设定温度（可自行设定）时，指示灯报警；当温度低于设定温度时，指示灯不报警。

③在电路设计中要运用本项目讲述的内容，如基本放大电路、集成运放线性应用、非线性应用等。

（2）在实验室验证所设计的实验电路是否满足设计需求。

项目小结

1. 能够实现放大功能的电子线路叫作放大电路，也叫作放大器，构成它的核心器件是晶体管，放大的实质是能量的控制和转换。

2. 衡量放大电路质量的主要性能指标是放大倍数、输入电阻、输出电阻和频率响应等。

3. 在放大电路中，交流和直流是并存的，通常待放大的信号为交流信号，直流信号是为了给晶体管提供合适的静态工作点，以保证小信号不失真地放大。

4. 放大电路的分析包括静态分析和动态分析，静态分析主要是为了确定静态工作点，动态分析主要为了确定电路的放大倍数、输入电阻、输出电阻等动态参数。

5. 共发射极放大电路是最常用的放大电路，它既能放大电压信号，也能放大电流信号。

6. 共集电极放大电路又叫作射极跟随器，它的电压放大倍数约为 1，但它的输入电阻很大，输出电阻很小。

7. 多级放大电路由输入级、中间级和输出级组成，有阻容耦合、直接耦合和变压器耦合三种耦合方式。

8. 零点漂移，简称零漂，也称温漂，主要是放大电路中温度变化引起的，抑制零点漂移可采用差动放大电路。

9. 差动放大电路利用电路结构的对称性抑制零点漂移，有双端输入双端输出、双端输入单端输出、单端输入双端输出、单端输入单端输出四种输入输出方式。

10. 集成运算放大器简称集成运放，它是一个高电压放大倍数、高输入电阻、低输出电阻的多级直接耦合放大电路。

11. 集成运放具有线性区和非线性区两个工作区，常把集成运放当作理想集成运放。

12. 理想集成运放线性区的两个特点：虚短和虚断；理想集成运放非线性区的两个特点：两值性和虚断。

13. 集成运放线性区的典型应用是用于构成各种运算电路，集成运放非线性区的典型应用是构成电压比较器。

14. 电子电路中的反馈是将输出量的一部分或全部通过一定的电路形式作用到输入回路，从而影响其输入量的措施。反馈的类型有正反馈和负反馈、电压反馈与电流反馈、串联反馈与并联反馈、本级反馈与极间反馈、交流反馈与直流反馈。

15. 负反馈的四种组态为电压串联负反馈、电压并联负反馈、电流串联负反馈、电流并联负反馈。

16. 滤波器在工程中常用于信号处理、数据传输和抑制噪声等，根据通带和阻带位置不同，可分为低通滤波器、高通滤波器、带通滤波器和带阻滤波器。

项目评价

评价项目	权重	考核内容	考核标准	分值	自评(25%)	互评(25%)	教师(50%)
学习态度	20%	出勤与纪律	旷课一次扣3分；迟到扣1分	10分			
		学习参与度	结合听讲、发言、讨论情况给分	10分			
理论+技能	65%	放大的概念和放大电路的性能指标	能正确使用示波器、信号发生器等实验室常用电子仪器	5分			
		共发射极放大电路的装接与测试	1. 能够给共发射极放大电路设置合适静态工作点	5分			
			2. 能测试共发射极放大电路电压放大倍数、输入电阻、输出电阻	5分			
		共集电极放大电路的装接与测试	1. 能够根据电路特点分析基本放大电路的组态	5分			
			2. 射极跟随器的特性及测试方法	5分			
		多级放大电路	1. 能够给多级放大电路设置合适静态工作点	5分			
			2. 能够测试多级放大电路电压放大倍数及最大不失真输出电压	5分			
		差动放大电路	差动放大器主要性能指标的测试方法	5分			
		集成运放及其应用	1. 集成运算放大电路的结构和特点	5分			
			2. 能按要求用集成运放构成简单的运算电路	5分			
		反馈	能够找出电路中的反馈并判断出反馈类型	5分			
		滤波器	1. 能够找出电路中的滤波电路，并分析器类型	5分			
			2. 能够测量有源低通滤波器的幅频特性	5分			

续表

评价项目	权重	考核内容	考核标准	分值	自评(25%)	互评(25%)	教师(50%)
项目报告	10%	实验报告	内容完整、格式标准、实验数据记录翔实准确	10分			
职业素养	5%		1. 注重文明、安全、规范操作； 2. 正确使用仪器设备； 3. 善于沟通协调，具有团队合作精神	5分			
总成绩							

练习与思考

一、填空

1. 在单级放大电路中，若输入电压为正弦波形，用示波器观 u_o 和 u_i 的波形，当放大电路为共射电路时，则 u_o 和 u_i 的相位_____。

2. 晶体管放大电路的非线性失真分为_____失真和_____失真两种。

3. 在晶体管组成的三种不同组态的放大电路中，_____组态有电压放大作用，_____组态有电流放大作用，_____组态有倒相作用；_____组态带负载能力强。

4. 在多级放大器中，后一级的_____电阻是前一级的负载。

5. 一个理想的差分放大电路，只能放大_____信号，不能放大_____信号。

6. 在差动放大电路中，射极电阻 R_e 具有抑制_____信号的效果。

7. 在差分放大器中，已知 $u_{i1}=16$ mV，$u_{i2}=10$ mV，则输入差模电压 $u_{id}=$_____，共模信号 $u_{ic}=$_____。

8. 有一差分放大电路 $A_{ud}=100$，$A_{uc}=0$，$u_{i1}=8$ mV，$u_{i2}=4$ mV，则输出电压 $|u_o|=$_____。

9. 如果集成运放的某个输入端瞬时极性为正时，输出端的瞬时极性也为正，该输入端是_____相输入端，否则该输入端是_____相输入端。

10. 理想运放的特点：$A_{od}=$_____，$R_{id}=$_____，$R_o=$_____。

11. 理想集成运放的共模抑制比为_____，因此，具有很强的抑制共模信号的能力。

12. 集成运放工作在线性区时有两个主要的特点，分别为_____和_____。

13. 直流负反馈的作用是_____。

14. 为了稳定放大电路的直流分量应该引入_____负反馈；为了稳定电路的输出交流电压应该引入_____负反馈；若希望输出电流稳定，应采用_____反馈；若希望减小放大电路从信号源索取的电流，应采取_____反馈。

15. 负反馈的四种组态分别为_____、_____、_____和_____。

16. _____比例运算电路中集成运放反向输入端为虚地，而_____比例运算电路中集成运放两个输入端的电位等于输入电压。

17. _____比例运算电路的比例系数大于1，而_____比例运算电路的比例系数小于零。

18. 当有用信号频率低于500 Hz时，宜选用_____滤波器；当希望抑制50 Hz交流电源的干扰时，宜选用_____滤波器；当希望抑制2 kHz以下的信号时，宜选用_____滤波器。

二、选择

1. 某放大电路的增益为10^5，则折算成dB数为(　　)。
   A. 60　　　　　B. 80　　　　　C. 100　　　　　D. 120

2. 某放大电路在负载开路时的输出电压为4 V，接入12 kΩ的负载电阻后，输出电压降为3 V，这说明放大电路的输出电阻为(　　)kΩ。
   A. 10　　　　　B. 2　　　　　C. 4　　　　　D. 3

3. 下列哪个答案不是共集电极电路的特点？(　　)。
   A. 输入电阻很高　　　　　B. 电压增益约为1
   C. 输出电阻很低　　　　　D. 输入输出电压反相

4. 设计一单级晶体管放大器，要求输入电阻大，输出电阻小，应选择(　　)电路。
   A. 共发射极放大　　　　　B. 共基极放大
   C. 共源极放大　　　　　　D. 共集电极放大

5. 场效应管是一种(　　)。
   A. 电压控制器件　　　　　B. 电流控制器件
   C. 双极型器件　　　　　　D. 少子工作的器件

6. 结型场效应管的基本工作原理是(　　)。
   A. 改变导电沟道中的载流子浓度　　B. 改变导电沟道中的横截面面积
   C. 改变导电沟道中的有效长度　　　D. 改变导电沟道中的体积

7. 当用外加电压法测试放大器的输出电阻时，要求(　　)。
   A. 独立信号源短路，负载开路　　　B. 独立信号源短路，负载短路
   C. 独立信号源开路，负载开路　　　D. 独立信号源开路，负载短路

8. 集成电路在电路结构上放大级之间通常采用(　　)。
   A. 阻容耦合　　　　　　B. 变压器耦合
   C. 直接耦合　　　　　　D. 光电耦合

9. 直接耦合式多级放大电路与阻容耦合式(或变压器耦合式)多级放大电路相比，低频响应(　　)。
   A 差　　　　　B 好　　　　　C. 差不多　　　　　D. 无法确定

10. 放大器产生零点漂移的主要原因是(　　)。
    A. 电压增益太大　　　　　B. 温度变化
    C. 采用直接耦合方式　　　D. 采用阻容耦合方式

11. 差模信号电压是两个输入信号电压(　　)的值。
    A. 差　　　　　B. 和　　　　　C. 算术平均　　　　　D. 乘积

12. 在差动放大电路中，共模输入信号等于两个输入信号的(　　)。
    A. 和　　　　　　　　　B. 差
    C. 叠加　　　　　　　　D. 平均值

13. 差分放大电路的共模抑制比 K_{CMR} 越大,表明电路(　　)。
    A. 放大倍数越稳定　　　　　　　　B. 放大倍数越大
    C. 电流放大倍数越大　　　　　　　D. 抑制零漂的能力越强
14. 在长尾式差动放大电路中,两个放大管发射极公共电阻的主要作用是(　　)。
    A. 提高差模输入电阻　　　　　　　B. 提高差模电压放大倍数
    C. 提高共模电压放大倍数　　　　　D. 提高共模抑制比
15. 集成运放实质上是一种(　　)。
    A. 交流放大器　　　　　　　　　　B. 高增益的交流放大器
    C. 高增益的直接耦合放大电路　　　D. 高增益的直流放大器
16. 下列哪种情况不是集成运放的特点?(　　)。
    A. 电压增益无穷大　　　　　　　　B. 输入电阻无穷大
    C. 输出电阻无穷大　　　　　　　　D. 共模抑制比无穷大
17. 闭环放大电路是指电路(　　)。
    A. 接入交流放大信号　　　　　　　B. 接入直流电源
    C. 存在反馈通路　　　　　　　　　D. 接入负载
18. 对于放大电路,在输入量不变的情况下,若引入反馈后(　　),则说明引入的反馈是负反馈。
    A. 净输入量增大　　B. 净输入量减小　　C. 输入电阻增大　　D. 输入电阻减小
19. 并联反馈反馈量以(　　)形式馈入输入端,和输入(　　)相比较而产生净输入量。
    A. 电压　　　　　B. 电流　　　　　C. 频率　　　　　D. 电压和电流
20. 对某仪表放大电路,要求输入电阻大,输出电流稳定,应选择(　　)。
    A. 电流串联负反馈　　　　　　　　B. 电压并联负反馈
    C. 电流并联负反馈　　　　　　　　D. 电压串联负反馈
21. 运算电路中的运放通常工作在(　　),电压比较器中的运放通常工作在(　　)。
    A. 深度负反馈状态　　　　　　　　B. 开环或正反馈状态
    C. 放大状态　　　　　　　　　　　D. 线性工作状态
22. 同相比例电路中引入的负反馈是(　　)。
    A. 电压串联负反馈　　　　　　　　B. 电压并联负反馈
    C. 电流串联负反馈　　　　　　　　D. 电流并联负反馈
23. 当有用信号的频率低于 1 000 Hz 时,应采用(　　)滤波电路。
    A. 低通　　　　　B. 高通　　　　　C. 带通　　　　　D. 带阻
24. 负反馈可以改善放大器的性能,关于放大器下述哪种说法不正确?(　　)
    A. 减少放大器的增益　　　　　　　B. 改变输入电阻
    C. 改变输出电阻　　　　　　　　　D. 改善信号源的噪声系数

三、计算分析

1. 分别判断图 2-86 所示的各电路中晶体管是否有可能工作在放大状态。
2. 在图 2-87 所示电路中,晶体管的 $\beta=80$,$r_{be}=1.3\ \text{k}\Omega$,$R_L=5\ \text{k}\Omega$。
(1)画出电路的直流通路,并求出静态工作点。
(2)画出微变等效电路,求解电路的 $\dot{A}_u$、R_i 和 R_o。

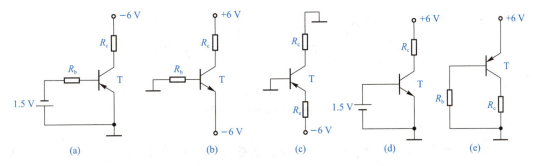

图 2-86　计算分析第 1 题

3. 分压偏置式共发射极放大电路如图 2-88 所示，晶体管的 $\beta=50$，已知晶体管的 $U_{BE}=0.7\ \text{V}$，试求：

(1) 画出电路的直流通路，求解电路的 Q 点。

(2) 画出电路的微变等效交流通路，求解电路的 $\dot{A}_u$、R_i 和 R_o。

(3) 若电容 C_e 开路，则将引起电路的哪些动态参数发生变化？如何变化？

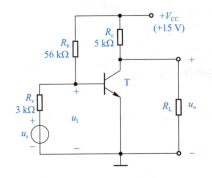 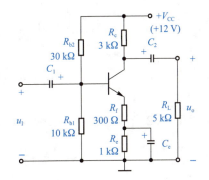

图 2-87　计算分析第 2 题　　　图 2-88　计算分析第 3 题

4. 电路如图 2-89 所示，晶体管的 $\beta=80$，$r_{be}=1\ \text{k}\Omega$。

(1) 求出 Q 点。

(2) 分别求出 $R_L\to\infty$ 和 $R_L=3\ \text{k}\Omega$ 时电路的 $\dot{A}_u$、R_i 和 R_o。

5. 在进行单管共射极放大电路实验时，当输入为正弦信号时，由示波器观察到的波形如图 2-90 所示，试判断这是什么类型的失真？如何才能消除这种失真？

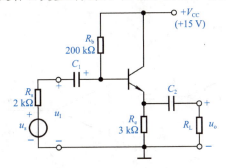

图 2-89　计算分析第 4 题

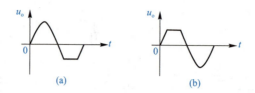

图 2-90　计算分析第 5 题

6. 两级放大电路如图 2-91 所示，已知三极管的放大倍数 $\beta_1=\beta_2=50$，$V_{CC}=12$ V，$U_{BEQ1}=U_{BEQ2}=0.7$ V。试求：(1)各级静态工作点；(2)放大电路的放大倍数、输入电阻和输出电阻。

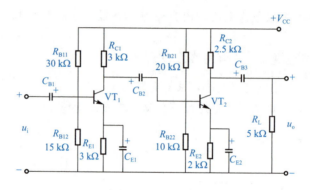

图 2-91　计算分析第 6 题

7. 在如图 2-92 所示电路中，求输出电压与输入电压的关系。

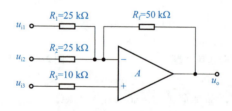

图 2-92　计算分析第 7 题

8. 在如图 2-93 所示的电路中，已知运放 A_1、A_2、A_3 输出电压的幅值 $U_{OM}=\pm 12$ V，求电路中输出电压 u_{o1}、u_{o2}、u_{o3} 与输入信号 u_i 的关系，并指出运放 A_1、A_2、A_3 各工作在线性区还是非线性区。

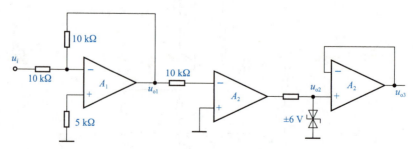

图 2-93　计算分析第 8 题

9. 找出图 2-94 中各电路的反馈网络,并判断反馈类型和极性。

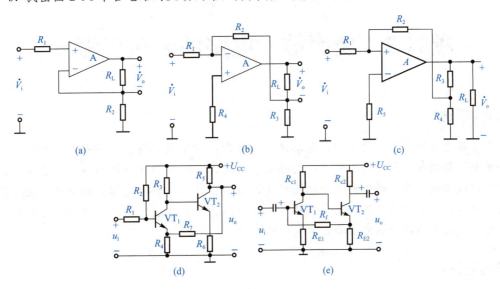

图 2-94 计算分析第 9 题

项目 3　功率放大电路的装接与测试

项目描述

在很多电子设备中,要求放大电路的输出级能够带动某种负载,例如,驱动仪表,使指针偏转;驱动扬声器,使之发声;或驱动自动控制系统中的执行机构等。这就要求放大电路输出级要向负载提供足够大的输出功率,即输出端不但要有足够大的电压,还要有足够大的电流,即实现功率的放大,这样的放大电路称为功率放大电路。通常,在船舶各类控制电路或报警系统中都有功率放大电路的应用。

项目分析

本项目从功率放大电路的特点入手,学习基本功率放大电路 OCL 和 OTL 互补对称电路,功率放大电路的分析方法、交越失真及功率放大电路的应用。

相关知识和技能

1. 功率放大电路的特点。
2. OCL 和 OTL 互补对称电路结构和分析。
3. 交越失真。
4. 集成功率放大电路。
5. 功率放大电路的装接及主要性能指标的测试。

任务 3.1　基本功率放大电路

任务目标

1. 知识目标
- 了解功率放大电路的特点和分类。
- 认识 OCL 和 OTL 互补对称电路。
- 掌握 OCL 和 OTL 互补对称电路的分析方法。
- 了解交越失真。
- 掌握消除交越失真的方法。

2. 能力目标
- 能够从结构上判断电路是 OTL 功率放大电路还是 OCL 功率放大电路。
- 能够装接和测试简单功率放大电路。

功率放大电路的
特点和分类

知识准备

3.1.1 功率放大电路的特点

项目 2 中所讨论的放大电路主要用来放大微弱的电压或电流信号,为后级放大电路提供一定幅度的电压或电流,因此,称为电压放大电路或电流放大电路。而信号经过电路放大、运算、变换及波形产生后,一般都要送到负载上,以驱动其运作,为了带动负载,要求电子电路的输出级有一定的功率输出,即既不是单纯地输出高电压,也不是单纯地输出大电流,而是在电源电压确定的情况下,输出尽可能大的功率。这种主要用于向负载提供足够信号功率的放大电路称为功率放大电路,简称功放。功放电路通常在大信号状态下工作,因此,无论是功放电路的组成还是分析方法,乃至其元器件的选择都与小信号放大电路有着明显的区别,功率放大电路具有以下特点。

1. 安全地提供尽可能大的输出功率

为了获得大的功率输出,就需要功率放大管在输出足够高电压的同时又要输出足够大的电流,因此,功率管往往在接近极限状态下工作,其输出功率为

$$P_o = U_o \times I_o \tag{3-1}$$

式中,I_o、U_o 为交流有效值,在电路参数确定的情况下负载上可能获得的最大交流功率为

$$P_{om} = \frac{U_{om}}{\sqrt{2}} \cdot \frac{I_{om}}{\sqrt{2}} = \frac{1}{2} U_{om} I_{om} \tag{3-2}$$

2. 提供尽可能高的功率转换效率

功放输出功率越大,电源消耗的直流功率就越多。那么,在输出功率一定的情况下,减少直流电源的消耗,也就提高了输出功率,即提高了效率,所谓效率就是负载得到的有用信号功率 P_o 与电源供给的直流功率 P_V 的比值。它代表了电路将电源直流功率转换为输出交流信号功率的能力。

$$\eta = P_o / P_V \tag{3-3}$$

3. 允许一定的非线性失真

功率放大电路是在大信号下工作,所以不可避免地会产生非线性失真,这就使输出功率和非线性失真成为一对矛盾。在实际应用中不同场合对这两个参数的要求不同,如在功率控制系统中,主要以输出足够的功率为目的,可以允许一定的非线性失真,而在测量系统中就必须将非线性失真控制在一定范围内。

4. 功率管要采取散热保护

在功率放大电路中,功放管承受着高电压、大电流,其本身的管耗也较大,因此在工作时,管耗产生的热量使功放管的温度升高,当温度过高时,功放管容易老化,甚至损坏。为了保证功率管安全工作,常常要给大功率管加装散热片,必要时还可采用风冷、水冷、油冷等方式来散热。加装散热片后,可使功率管的最大输出功率成倍提高。

另外,在功率放大电路中,为了输出较大的功率,功率管承受的电压高,通过的电流大,功率管损坏的可能性也就比较大。所以,必要时需要采取过载保护措施。

5. 采用图解法分析

由于功率放大电路中的晶体管通常工作在大信号状态，因而在进行分析时，功放管特性的非线性不可忽略，所以一般不采用微变等效电路法，而常常采用图解法来分析放大电路的静态和动态工作情况。分析步骤如下：

(1) 求功率放大电路负载上可能获得的最大交流电压幅值，从而得出负载上可能获得的最大输出功率，即电路的最大输出功率 P_{om}。

(2) 求此时电源提供的直流平均功率 P_V。

(3) 求转换效率 η，即 P_{om} 与 P_V 之比。

3.1.2 功率放大电路的分类

功率放大电路的分类方法很多，这里只介绍以下两种分类方式。

1. 按电路中晶体管静态工作点 Q 设置的不同分类

(1) 甲类功率放大电路：晶体管的静态工作点 Q 设置在放大区，其特点是功率管在整个周期内都导通，但静态电流大，功率管功率损耗大，导通效率低。本项目之前所讲的基本放大电路都属于甲类功率放大电路。

(2) 乙类功率放大电路：晶体管的静态工作点 Q 设置在截止区，其特点是在输入信号的整个周期内，功率管只在半个周期内导通，另半个周期内截止，无静态电流。因此，没有输入信号时，电源不消耗功率，效率高，但波形失真大。

(3) 甲乙类功率放大电路：晶体管的静态工作点设置在靠近截止区的放大区，在输入信号的整个周期内，晶体管导通时间大于半个周期，静态电流小，效率较高，克服了乙类功率放大电路失真大的问题。

图 3-1 所示为上述三种状态的图解。

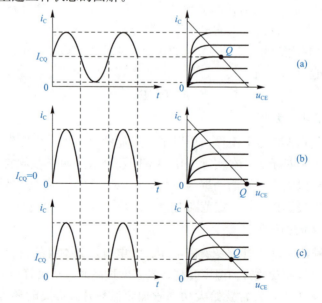

图 3-1 三种工作状态的集电极电流波形
(a) 甲类工作状态（晶体管 360°导通）；(b) 乙类工作状态（晶体管 180°导通）；
(c) 甲乙类工作状态（晶体管导通大于 180°，小于 360°）

2. 按输出端特点分类

功率放大电路按输出端特点又分为输出变压器功率放大电路、互补对称功率放大电路。互补对称功率放大电路又分为 OTL 电路、OCL 电路和 BTL 电路等类型。

3.1.3 OCL 功率放大电路

1. OCL 乙类互补对称电路

(1)电路组成。乙类互补放大电路如图 3-2 所示。因为功放管和负载之间无输出耦合电容,所以,此电路被称为无输出耦合电容的功率放大电路,简称 OCL 电路。它具有以下特点:

①没有输出电容;

②由一对 NPN 型、PNP 型参数相同的互补晶体管组成;

③采用正、负两组电源供电。

OCL 电路的两功率放大管互补对称,所以,把它们发射极的连接点称为中点,该点对地电压称为中点电压。在静态时,两功率放大管互补对称,导通能力相同,所以中点电压为零。(这是电路的一个重要参数,它反映了两功率放大管的导通状态是否对称。同时,也决定了功率放大电路能否处于最佳工作状态。在功率放大电路的维修和调试中,经常需要测量中点电压。)

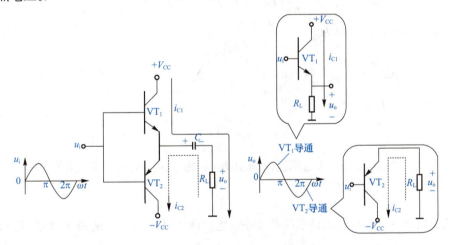

图 3-2 双电源乙类互补放大电路

(2)工作原理。

①$u_i = 0$ 时,即静态无输入时,VT_1、VT_2 都不导通,输出电压为零,电路不消耗功率。

②$u_i > 0$ 时,即输入信号处于正半周,且幅度远大于晶体管的开启电压时,此时 VT_1 导通,有电流通过负载 R_L,按图中方向由上到下,与假设正方向相同。

③$u_i < 0$ 时,即输入信号处于负半周,且幅度远大于晶体管的开启电压时,VT_2 导电,有电流通过负载 R_L,按图中方向由下到上,与假设正方向相反。

于是,两个晶体管一个处于正半周、一个处于负半周轮流导通,在负载上将正半周和负半周合在一起,得到一个完整的不失真波形。该电路由此工作在乙类放大状态,被称为乙类互补对称放大电路。

(3)OCL 电路分析。

①输出功率。输出功率是输出电压有效值 U_o 和输出电流有效值 I_o 的乘积，即

$$P_o = U_o I_o \tag{3-4}$$

②最大输出功率。乙类互补对称电路中的 VT_1、VT_2 可以看成共集电极(射极输出器)状态，即 $A_u \approx 1$ 时，输出功率为

$$P_o = U_o I_o = \frac{U_{om}}{\sqrt{2}} \times \frac{I_{om}}{\sqrt{2}} = \frac{U_{om}}{\sqrt{2}} \times \frac{U_{om}}{\sqrt{2} R_L} = \frac{U_{om}^2}{2 R_L} \tag{3-5}$$

功率放大电路在 u_i 从零逐渐增大时，输出电压 u_o 随之增大，管压降逐渐减小，当管压降下降到饱和管压降时，输出电压达到最大幅值，可得最大不失真输出电压的有效值为

$$U_{om} = V_{CC} - U_{CES} \tag{3-6}$$

若忽略饱和管压降 U_{CES}，即 $U_{om} = V_{CC} - U_{CES} \approx V_{CC}$，可获得最大输出功率，即

$$P_{om} = \frac{(V_{CC} - U_{CES})^2}{2 R_L} \approx \frac{V_{CC}^2}{2 R_L} \tag{3-7}$$

③直流电源供给的功率 P_V。由于每个管子只在半个周期内有电流流过，则每个管子的集电极电流平均值为

$$I_{c1} = I_{c2} = \frac{1}{2\pi} \left[\int_0^\pi I_{cm} \sin\omega t \, d(\omega t) + \int_\pi^{2\pi} 0 \, d(\omega t) \right] = \frac{I_{cm}}{\pi} \tag{3-8}$$

两个电源提供的总功率为

$$P_V = 2 I_{c1} V_{CC} = 2 V_{CC} \frac{I_{cm}}{\pi} = 2 V_{CC} \frac{\frac{V_{CC} - U_{CES}}{R_L}}{\pi} \approx \frac{2 V_{CC}(V_{CC} - U_{CES})}{\pi R_L} \tag{3-9}$$

当饱和管压降 U_{CES} 忽略时

$$P_V \approx \frac{2 V_{CC}^2}{\pi R_L} \tag{3-10}$$

④效率 η。输出功率 P_o 与电源提供的功率 P_V 之比定义为功率放大器的效率。

$$\eta = \frac{P_o}{P_V} \tag{3-11}$$

最大输出功率 P_{om} 与电源提供的功率 P_V 之比即为功率放大器的最大效率(饱和管压降 U_{CES} 忽略)。

$$\eta_m = \frac{P_{om}}{P_V} = \frac{\pi}{4} \cdot \frac{V_{CC} - U_{CES}}{V_{CC}} = \frac{\pi}{4} \cdot \frac{U_{om}}{V_{CC}} \approx 78.5\%$$

⑤管耗 P_T。每个功率管的管耗为

$$P_{T1} = P_{T2} = \frac{1}{2}(P_V - P_o) = \frac{1}{2} \left(\frac{2 V_{CC} U_{om}}{\pi R_L} - \frac{U_{om}^2}{2 R_L} \right) \tag{3-12}$$

所以，每个功率管的最大管耗和最大输出功率之间的关系为

$$P_{T1m} = P_{T2m} \approx 0.2 P_{om} \tag{3-13}$$

⑥功率管的选择。在功率放大电路中，为了输出较大的信号功率，管子承受的电压要高，通过的电流要大，功率管损坏的可能性也就比较大，选择时一般应考虑功率管的三个极限参数：

功率管的最大功耗应大于单管的最大功耗，即

$$P_{CM} > P_{Tm} \approx 0.2 P_{om} \tag{3-14}$$

通过功率管的最大集电极电流：

$$I_{CM} \geqslant V_{CC}/R_L \tag{3-15}$$

功率管的最大耐压值：

$$|U_{(BR)CEO}| > 2V_{CC} \tag{3-16}$$

即一只晶体管饱和导通时，另一只晶体管承受的最大反向电压约为 $2V_{CC}$。

2. OCL 甲乙类互补对称电路

在理想情况下，乙类互补对称电路的输出没有失真，但在实际的乙类互补对称电路中，只有当输入信号 u_i 大于管子的死区电压(硅管约为 0.5 V，锗管约为 0.1 V)时，管子才能导通。当输入信号 u_i 低于这个数值时，功率放大管 VT_1 和 VT_2 都截止，负载 R_L 上无电流通过，出现一段死区，如图 3-3 所示。这种现象称为交越失真。

为了减小和克服交越失真，改善输出波形，通常给两个功率放大管的发射结加一个较小的正向偏置，使两管在输入信号为零时，都处于微导通状态，如图 3-4 所示。图中的 R_1、R_2、VD_1、VD_2 用来作为 VT_1、VT_2 的偏置电路，适当选择 R_1、R_2 的阻值，可使 VD_1、VD_2 连接点的静态电位为 0，VT_1 和 VT_2 的发射极电位也为 0，这样 VD_1 上的导通电压为 VT_1 提供发射结正偏电压，VD_2 上的导通电压为 VT_2 提供发射结正偏电压，使功放管静态时微导通，保证了功放管对小于死区电压的小信号也能正常放大，从而减小了交越失真。

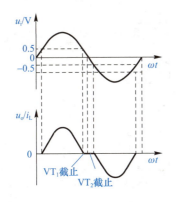 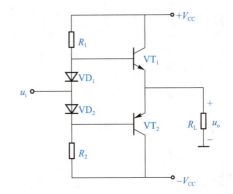

图 3-3　交越失真波形　　　　图 3-4　双电源甲乙类互补对称功率放大电路

这时的功率放大管静态工作点不为零，而是有一定的正向偏置，电路工作在甲乙类工作状态，这种电路称为甲乙类互补对称功率放大电路。

对于甲乙类功放的电路性能分析，由于误差不是很大，同样可以采用乙类功放的电路性能估算公式。

【例 3-1】　如图 3-4 所示在电路中，已知 $V_{CC}=16$ V，$R_L=4$ Ω，VT_1、VT_2 管的饱和管压降 $|U_{CES}|=2$ V，输入电压足够大。试计算：

(1) 最大输出功率 P_{om} 和效率 η 各为多少？
(2) 晶体管的最大功耗 P_{Tm} 为多少？
(3) 为使输出功率达到 P_{om}，输入电压的有效值约为多少？

解：(1) 最大输出功率和效率分别为

$$P_{om} = \frac{(V_{CC}-|U_{CES}|)^2}{2R_L} = 24.5 \text{ (W)}$$

$$\eta = \frac{\pi}{4} \times \frac{V_{CC} - |U_{CES}|}{V_{CC}} \times 100\% \approx 68.7\%$$

(2) 晶体管的最大功耗为

$$P_{Tm} \approx 0.2 P_{om} = 4.9(\text{W})$$

(3) 输出功率为 P_{om} 时的输入电压有效值为

$$U_i \approx U_o \approx \frac{V_{CC} - |U_{CES}|}{\sqrt{2}} \approx 9.9(\text{V})$$

3. 准互补 OCL 电路

互补对称功率放大器要求功放管互补对称，但在实际情况中，要使互补的 NPN 管和 PNP 管配对是比较困难的，而在同一类型管子中，选择对称管则较为容易，因此，可采用由复合管构成的 NPN 和 PNP 管来代替 VT_1 和 VT_2 管，以保证两管对称。

同时，在功率放大电路中，如果负载电阻较小，并要求得到较大的功率，则电路必须为负载提供很大的电流。而前级一般是电压放大，很难输出大的电流，因此，需设法进行电流放大。复合管的接法可以满足这一要求。

(1) 复合管。按一定原则将两只或两只以上的晶体管连接在一起，组成的一个等效晶体管称为复合管，又称达林顿管，如图 3-5 所示。

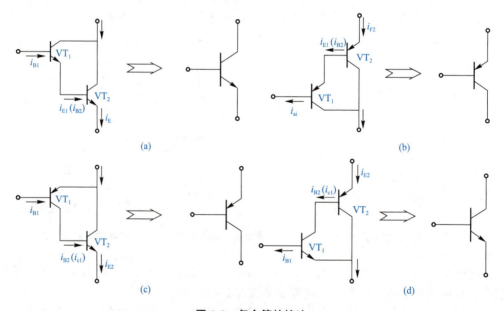

图 3-5 复合管的接法

(a) 由两只 NPN 型管构成的复合 NPN 型管；(b) 由两只 PNP 型管构成的复合 PNP 型管；
(c) 由两只不同类型管构成的复合 PNP 型管；(d) 由两只不同类型管构成的复合 NPN 型管

复合管的主要特点如下：

① 复合管的电流放大系数提高，总的电流放大系数近似为组成该复合管的各晶体管电流放大倍数的乘积，即

$$\beta \approx \beta_1 \beta_1 \cdots \tag{3-17}$$

② 由复合管组成的放大器的输入电阻提高很大。

③ 在复合时，第一个管子为小功率管，第二个管子为大功率管。

④复合管的导电极性是由第一个管子的极性来决定的。即 VT_1 为 NPN 型,则复合管就为 NPN 型,如图 3-5 所示。

⑤复合管内部各晶体管的各极电流方向都符合原来的极性,并符合基尔霍夫电流定律。

⑥复合管的缺点是穿透电流较大,因而其温度稳定性变差。

(2)复合管组成的功率放大器。输出管为同一类型的互补对称功率放大电路,称为准互补对称功率放大电路。图 3-6 所示为准互补 OCL 电路。图中,R_1、R_2、R_3 为限流电阻,对管子有一定的保护作用。发射极电阻中有电流负反馈,具有提高电路的稳定性、改善波形的作用。VD_1、VD_2 也可以用晶体管接成二极管的形式代替,便于集成化,减少管子的种类。

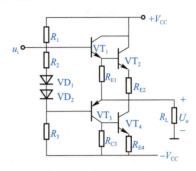

图 3-6 准互补 OCL 电路

双电源互补对称电路需要正、负两个独立电源,因此有时很不方便。当仅有一路电源时,则可采用单电源互补对称电路,它有时又被称为无输出变压器电路,简称 OTL 电路。

【特别提示】 在甲乙类互补对称式功率放大电路中,两功率放大管发射结偏置在一定范围内增大时,功率管工作状态靠近甲类,越有利于改善交越失真,但不利于提高功率放大电路的效率。两功率放大管发射结偏置在一定范围内减少时,功率放大管工作状态就越靠近乙类,越有利于提高功率放大电路的效率,但不利于改善交越失真。

3.1.4 OTL 互补对称电路

1. OTL 乙类互补对称电路

(1)电路组成。OTL 乙类互补对称电路的组成如图 3-7 所示。输入电压 u_i 可同时加在两个特性对称的晶体管 VT_1 和 VT_2 的基极,两管的发射极连在一起,然后通过大电容 C 接至负载电阻 R_L。晶体管分别为 NPN 型和 PNP 型,电路中只用一个直流电源 V_{CC}。

(2)工作原理。输入电压 u_i 为正半周时,VT_1 导通,VT_2 截止,VT_1 由电源 $+V_{CC}$ 供电,并将正信号传送给负载 R_L,同时对电容 C 充电,输出电流的路径由图中实线所示。

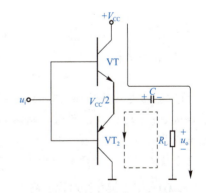

图 3-7 OTL 乙类互补对称电路的组成

输入电压 u_i 为负半周时,VT_2 导通,VT_1 截止,VT_2 由电容 C 供电,设电容 C 的放电时间常数足够大,则电容上的电压基本保持不变,相当于电容 C 担负起了电源 $-V_{CC}$ 的作用,同时 VT_2 也将负向信号传送给负载 R_L,输出电流的路径由图中虚线所示。这样 R_L 上就能得到一个完整的信号波形。

强调:因电路对称,两管发射极(中点)电位为电源电压的一半,即 $V_{CC}/2$,这是检修中的一个重要参数,学习时须留意。

由于这种放大电路不用输出变压器,且两个晶体管 VT_1 和 VT_2 轮流导通,电路结构形式对称,所以称为 OTL 乙类互补对称电路。

(3)OTL 电路性能分析。在 OTL 功放电路中,每一个功放管的实际工作电压为 $V_{CC}/2$(最大值),即电路可以等效如图 3-8 所示,因此,在估算输出功率等性能指标时,可采用与 OCL 电路同样的公式进行计算,只需要将其中的 V_{CC} 全部换成 $V_{CC}/2$ 即可,同样中点电压也由 $V_{CC}/2$ 等效为 0 V。

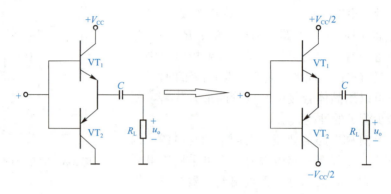

图 3-8 OTL 等效电路

【**例 3-2**】 单电源互补对称 OTL 电路如图 3-9 电路所示。已知 $V_{CC}=12$ V,$R_L=8$ Ω
(1)说明电容 C 的作用;
(2)忽略管子饱和压降,试求该电路最大输出功率;
(3)求最大管耗。

解:(1)电容的作用:充当 $V_{CC}/2$ 电源;耦合交流信号。
(2)最大输出功率:

$$P_{om} = \frac{U_{om}^2}{2R_L} = \frac{(V_{CC}-U_{CES})^2}{2R_L} \approx \frac{V_{CC}^2}{2R_L} = \frac{\left(\frac{12}{2}\right)^2}{2\times 8} = 2.25(\text{W})$$

(3)最大管耗:

$$P_{Tm} \approx 0.2 P_{om} = 0.45(\text{W})$$

OTL 乙类互补对称电路的主要优点是效率高。静态时,由于如 i_{C1}、i_{C2} 均为零,所以,电路的静态功耗等于零。与 OCL 乙类互补对称电路一样,这种电路也存在着交越失真。为了克服这个缺点,可以考虑采用甲乙类互补对称电路。

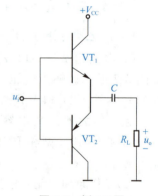

图 3-9 例 3-2 图

2. OTL 甲乙类互补对称电路

为了减小交越失真,通常给两个功率放大管的发射结加一个较小的正向偏置,使两管在输入信号为零时,都处于微导通状态,以避免当 u_i 幅度较小时两个晶体管同时截止。为此,在 VT_1、VT_2 的基极之间,接入电阻 R 和两个二极管 VD_1、VD_2,如图 3-10 所示。

当 u_i 处于正半周时,VT_1 导通,VT_2 截止,处于负半周时,VT_1 截止,VT_2 导通。i_{C1}、i_{C2} 的波形如图 3-11 所示,可见两管轮流导通的交替过程比较平滑,从而减小了交越失真。

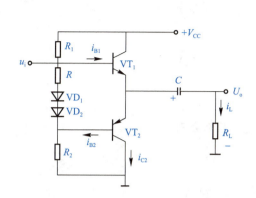
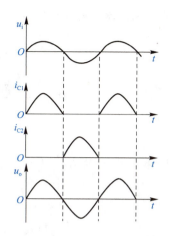

图 3-10 OTL 甲乙类互补对称电路   图 3-11 OTL 甲乙类互补对称电路各输出量波形

在甲乙类互补对称电路中，为了避免降低效率，通常使静态时集电极的电流值很小，即电路静态工作点 Q 的位置很低，靠近横坐标轴，与乙类互补对称电路的工作情况相近。因此，OTL 甲乙类互补对称电路的最大输出功率、效率、管耗等参数也可用 OTL 乙类互补对称电路的对应公式计算。

采用甲乙类互补对称电路既能减小交越失真，改善输出波形，同时又能获得较高的效率，所以，其在实际工作中得到了广泛的应用。

【例 3-3】 图 3-12 所示为由复合管构成的 OTL 电路，其中 $R_L=8\ \Omega$，$V_{CC}=24\ V$。求：

(1) 为了使最大不失真输出电压幅值最大，静态时，VT_2 管和 VT_4 管的发射极电位为多少？若不合适，则一般应调节哪个元器件参数？

(2) 若 VT_2 管和 VT_4 管的饱和管压降 $|U_{CES}=2\ V|$，输入电压足够大，则电路的最大输出功率 P_{om} 和效率 η 各为多少？

(3) VT_2 管和 VT_4 管的 I_{CM}、$|U_{(BR)CEO}|$ 和 P_{CM} 应如何选择？

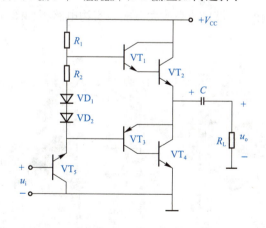

图 3-12 例 3-3 图

解：(1) 发射极电位 $U_E=V_{CC}/2=12\ V$；若不合适，则应调节 R_2。

(2)最大输出功率和效率分别为

$$P_V \approx \frac{V_{CC}^2}{2\pi R_L} = \frac{24^2}{2\pi \times 8} = 11.46(\text{W})$$

$$P_{om} = \frac{\left(\frac{1}{2}V_{CC} - |U_{CES}|\right)^2}{2R_L} \approx 6.25(\text{W})$$

$$\eta = \frac{P_{om}}{P_V} \approx 55\%$$

(3)VT_2 和 VT_4 管的 I_{CM}、$U_{(BR)CEO}$ 和 P_{CM} 的选择原则分别为

$$I_{CM} \geqslant \frac{V_{CC}/2}{R_L} = 1.5 (\text{A})$$

$$|U_{(BR)CEO}| > 2\frac{V_{CC}}{2} = V_{CC} = 24(\text{V})$$

$$P_{CM} > P_{Tm} \approx 0.2 P_{om} = 1.25(\text{W})$$

任务实施

OTL 功率放大电路装接与测试

1. 目的

(1)进一步理解 OTL 功率放大器的工作原理。

(2)学会 OTL 电路调试及主要性能指标测试方法。

2. 设备与器件

+5 V 直流电源、直流电压表、函数信号发生器、直流毫安表、双踪示波器、频率计、交流毫伏表、OTL 功率放大器(电路板)、8 Ω 扬声器、导线。

3. 预习要求

复习有关 OTL 工作原理和分析方法。

4. 内容及步骤

(1)静态工作点的测试。OTL 功率放大器实验实物电路板如图 3-13 所示。

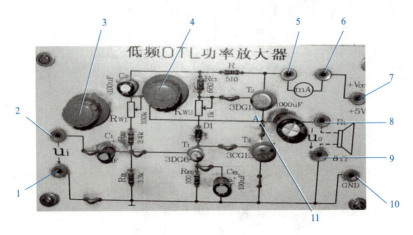

图 3-13　OTL 功率放大器实验实物电路板

①接线。令输入信号为零($u_i=0$)，即把1、2短接；电路中电流表位置串入直流电流表，即6接直流电流表正极，5接直流电流表负极；接电源，即7接直流稳压电源的+5 V，直流稳压电源COM端接地；9、10接地(8暂时悬空)。

②调整电阻。电位器R_{W2}置最小值，即将4顺时针旋到顶端；R_{W1}置中间位置，即3置于中间。

③通电检查。接通+5 V电源，观察直流电流表指示，同时用手触摸输出级管子，若电流过大或管子温升显著，应立即断开电源检查原因(如R_{W2}开路，电路自激或输出管性能不佳等)。如无异常现象，可开始调试。

④调节输出端中点电位U_A。将直流电压表高电位接于A(11)点，低电位与地相连(即测量A点电位)，调节电位器R_{W1}，观察直流电压表读数，使$U_A=U_{CC}/2=2.5(V)$。

⑤调整输出极静态电流及测试各级静态工作点。在输入端1、2接入$f=1$ kHz的正弦信号u_i，输出接示波器，逐渐加大输入信号的幅值(一般从30 mV开始增加到70 mV)，此时，输出波形会出现较严重的交越失真(注意：没有饱和失真和截止失真)，然后缓慢增大R_{W2}(逆时针旋动4)，当交越失真刚好消失时，停止调节R_{W2}，恢复$u_i=0$，此时直流电流表读数即为输出级静态电流。一般数值也应为5~10 mA，如过大，则要检查电路。输出极电流调好以后，测量各级静态工作点，记入表3-1。

表3-1 低频OTL功率放大器静态工作点的测试

	U_B/V	U_C/V	U_E/V	I_C/mA
T_1				
T_2				
T_3				

【注意事项】 a. 在调整R_{W2}时，一是要注意旋转方向，不能调得过大，更不能开路，以免损坏输出管。

b. 将输出管静态电流调好，如无特殊情况，不得随意旋动R_{W2}的位置。

(2)最大输出功率P_{om}和效率η的测试。

①测试最大输出功率。输入端接$f=1$ kHz的正弦信号u_i，输出端用示波器观察输出电压u_o波形。逐渐增大u_i，使输出电压达到最大不失真输出，用交流毫伏表测出负载R_L上的电压U_{om}的有效值。

$$P_{om}=\frac{U_{om}^2}{R_L} \tag{3-18}$$

②测量η。当输出电压为最大不失真输出时，读出直流毫安表中的电流值，此电流即为直流电源供给的平均电流I_{DC}(有一定误差)，由此可近似求得$P_V=U_{CC}I_{DC}$，再根据上面测得的P_{om}，即可求出$\eta=\dfrac{P_{om}}{P_V}$。

任务思考

1. 交越失真产生的原因是什么？怎样克服交越失真？
2. 功率放大电路和项目2讲述的放大电路有何异同？

任务 3.2　集成功率放大电路

🧰 任务目标

1. 知识目标
- 了解集成功率放大电路。
- 掌握集成功率放大电路的基本应用。

2. 能力目标
- 能够装接和测试简单集成功率放大电路。

📘 知识准备

随着线性集成电路的发展，集成功率放大器的应用也日益广泛。集成功率放大器就是采用平面集成工艺把功率放大器中的晶体管和电阻置于同一硅片上，做成单片集成功率放大电路。集成功放除具有一般集成电路的特点外，还具有温度稳定性好、电源利用率高、功耗低、非线性失真小等优点。有时还将各种保护电路如过流保护、过压保护、过热保护等电路集成在芯片内部，使用起来更加安全可靠。

集成功放的种类很多，按用途划分，可分为通用型功放和专用型功放；按芯片内部的电路构成划分，可分为单通道功放和双通道功放；按输出功率划分，可分为小功率功放和大功率功放等。

3.2.1　LM386——小功率通用型集成功放

LM386 是目前应用较广的一种小功率通用型集成功放电路，其特点是电源电压范围宽（4～16 V）、功耗低（常温下是 660 mW）、频带宽（300 kHZ）。此外，电路的外接元件少，应用时不必加散热片，其被广泛应用于收音机、对讲机、双电源转换、方波和正弦波发生器等。

图 3-14(a) 所示为其内部电路图。该电路可分为三部分，即输入级、中间级和输出级。输入级是差动放大电路，由 VT_1 和 VT_2、VT_3 和 VT_4 分别组成复合管，VT_5 和 VT_6 组成镜像电源作为 VT_2 和 VT_3 管的有源负载，以提高输入级的电压放大倍数。信号从 VT_1 和 VT_4 管的基极输入，从 VT_3 管的集电极输出，为双端输入、单端输出的差动放大电路。中间级是由 VT_7 管构成的共射极放大电路，用电流源做负载，以增大电压放大倍数。输出级是功放级，由 VT_8 和 VT_9 组成复合管等效为 PNP 型，再与 NPN 型管 VT_{10} 构成准互补功放电路，二极管 VD_1、VD_2 用来消除交越失真。图 3-14(b) 为其管脚排列图。此管采用 8 脚双列直插式塑料封装，管脚 1、8 间外接阻容电路可改变集成功放电压放大倍数（20～200），其中 1、8 开路时电压放大倍数为 20，1、8 短路时，电压放大倍数为 200。

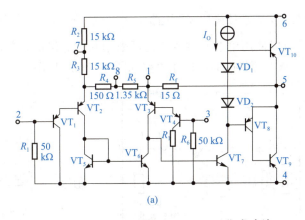

图 3-14 LM386 集成功放
(a)内部电路图；(b)管脚排列

3.2.2 TDA2616/TDA2616 Q——中功率集成功放电路

TDA2616/TDA2616Q 是 Philips 公司生产的具有静噪功能的 2×12 W 双声道高保真功率放大器，采用 9 脚单列直插塑料封装，TDA2616/TDA2616Q 集成功放管管脚排列如图 3-15 所示。2 脚为静音控制端，当该脚接 0 V 低电平时，TDA2616/TDA2616Q 处于静音状态，输出端停止输出；接高电平时，TDA2616/TDA2616Q 处于工作状态。电源为对称电源设计，但也可以使用非对称电源，对称电源范围±7.5~±21 V。最大输出功率为 15 W，失真度不大于 0.2%。

图 3-15 TDA2616/TDA2616Q
集成功放管脚排列

📋 任务实施

集成功放典型应用电路

1. LM386 小功率通用型集成功放典型应用电路

图 3-16 所示为 LM386 集成功放的典型应用电路。图中 R_1、C_1 用来调节电压放大倍数；C_2 为去耦电容，它可防止电路自激；R_2、C_4 组成容性负载，抵消扬声器部分的感性负载，以防止在信号突变时，扬声器上出现较高的瞬时电压而导致损坏，且可改善音质；C_3 为功放输出电容，以便构成 OTL 功放电路。

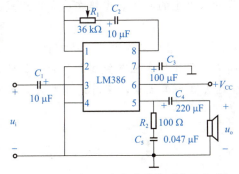

图 3-16 LM386 集成功放典型应用电路

2. TDA2616/TDA2616Q 中功率集成功放典型应用电路

TDA2616/TDA2 616Q 既可以使用单电源供电，也可采用双电源供电，单电源供电时的应用电路如图 3-17(a) 所示，双电源供电时的应用电路如图 3-17(b) 所示。

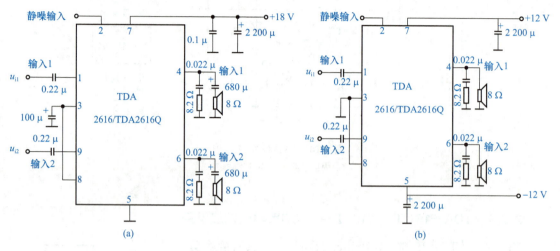

图 3-17　TDA2616/TDA2616Q 中功率集成功放典型应用电路
(a) 单电源供电应用电路；(b) 双电源供电应用电路

项目小结

1. 功率放大电路与小信号放大电路有着明显的区别，功率放大电路具有输出功率尽可能大、功率转换效率尽可能高、允许一定的非线性失真、散热要好的特点。

2. 功率放大电路按静态工作点设置不同分为甲类功率放大电路、乙类功率放大电路和甲乙类功率放大电路。

3. 常见乙类互补对称功率放大电路有 OTL 电路、OCL 电路和 BTL 电路等几种类型。

4. OCL 功率放大电路，电路采用正、负两组电源供电，功放管和负载之间无输出耦合电容。

5. 实际的乙类互补对称电路存在交越失真，为了克服交越失真通常给两个功率放大管的发射结加一个较小的正向偏置，即采用甲乙类互补对称功率放大电路。

6. 按一定原则将两只或两只以上的晶体管连接在一起，组成的一个等效晶体管称为复合管，又称达林顿管。

7. OTL 功率放大电路，电路采用单电源供电，功放管和负载之间有输出耦合电容。

8. 集成功率放大器就是采用平面集成工艺做成单片集成器件，具有温度稳定性好、电源利用率高、功耗低、非线性失真小等优点，有时还在芯片内部集成各种保护电路，使用起来更加安全可靠。

项目评价

评价项目	权重	考核内容	考核标准	分值	自评(25%)	互评(25%)	教师(50%)
学习态度	20%	出勤与纪律	旷课一次扣3分；迟到扣1分	10分			
		学习参与度	结合听讲、发言、讨论情况给分	10分			
理论+技能	60%	OTL功率放大电路装接与测试	1. 能正确设置调试OTL功率放大电路静态工作点	10分			
			2. 能正确测试和分析功率放大电路最大输出功率和效率	20分			
		集成功放典型应用电路	1. 能查找LM386相关参数	10分			
			2. 能搭接LM386典型应用电路	20分			
项目报告	10%	实验报告	内容完整、格式标准、实验数据记录翔实准确	10分			
职业素养	10%		1. 注重文明、安全、规范操作； 2. 正确使用仪器设备； 3. 善于沟通协调，具有团队合作精神	10分			
总成绩							

练习与思考

一、填空

1. 乙类放大器中每个晶体管的导通角是_____，该放大器的理想效率为_____，每个管子所承受的最大电压为_____。

2. 若乙类互补对称功率放大电路（OCL）的 $V_{CC}=15$ V，$U_i=10\sin\omega t$（V），$R_L=10$ Ω，则 $P_o=$_____ W。

3. 在甲类、乙类和甲乙类三种功率放大电路中，效率最低的是_____，失真最小的是_____。

二、选择

1. 功率放大电路与电压放大电路、电流放大电路的共同点是(　　)。
   A. 都使输出电压大于输入电压
   B. 都使输出电流大于输入电流
   C. 都使输出功率大于信号源提供的输入功率
   D. 都为甲类放大电路

2. 对功率放大电路与电流放大电路的区别的描述错误的是(　　)。
   A. 前者比后者电流放大倍数大
   B. 前者比后者效率高

C. 在电源电压相同的情况下，前者比后者的输出功率大

D. 功率放大电路的电流放大倍数不一定比电流放大倍数大

3. 功率放大电路的效率是指(　　)。

　　A. 输出功率与晶体管所消耗的功率之比

　　B. 最大输出功率与电源提供的平均功率之比

　　C. 晶体管所消耗的功率与电源提供的平均功率之比

　　D. 以上说法均不正确

4. 在图 3-18 所示复合管中，下列答案正确的是(　　)。

　　A. NPN 型　　　　B. PNP 型　　　　C. 都不正确

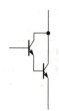

图 3-18　选择题第 4 题

5. 与甲类功率放大方式比较，乙类 OCL 互补对称功放的主要优点是(　　)。

　　A. 不用输出变压器　　　　　　B. 不用输出端大电容

　　C. 效率高　　　　　　　　　　D. 无交越失真

三、判断

(　　)1. 功率的放大电路有功率放大作用，电压放大电路只有电压放大作用而没有功率放大作用。

(　　)2. 在功率放大电路中，输出功率越大，功放管的功耗越大。

(　　)3. 功率放大电路的主要任务是向负载提供足够大的输出功率，因而采用微变等效法来分析。

(　　)4. 功率放大电路的最大输出功率是指在基本不失真情况下，负载上可能获得的最大交流功率。

(　　)5. 只有两个晶体管的类型相同(都为 NPN 管或都为 PNP 管时)才能组成复合管。

(　　)6. 复合管的 β 值近似等于组成它的各晶体管 β 值的乘积。

(　　)7. 复合管的类型取决于第一个管子的类型。

(　　)8. 放大电路采用复合管是为了增大放大倍数和输入电阻。

四、计算分析

1. 在图 3-19 所示 OCL 电路中，已知 T_1、T_2 的 $U_{CES}=1$ V，电源电压为 ±9 V，负载电阻 $R_L=8$ Ω，试计算最大输出功率 P_{om} 及效率 η。

2. 在图 3-20 所示电路中，已知 $R_L=8$ Ω，假设三极管的饱和管压降 U_{CES} 均为 1 V，如果要求得到最大输出功率 $P_{om}=16$ W，

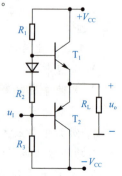

图 3-19　分析题第 1 题

试估算电路的直流电源 V_{CC} 应为多大？

3. 功率放大电路如图 3-21 所示。设三极管的饱和压降 $U_{CES}=1\ \text{V}$，为了使负载电阻获得 12 W 的功率。请问：

(1) 该功率放大电路的名称是什么？理想情况下其效率可达多少？

(2) 正负电源至少应为多少伏？

(3) 三极管的 I_{CM}、$|U_{(BR)CEO}|$ 至少应为多少？

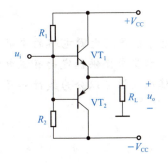

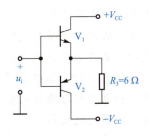

图 3-20　分析题第 2 题　　　　图 3-21　分析题第 3 题

4. 一双电源互补对称功率放大电路如图 3-22 所示，设已知 $V_{CC}=12\ \text{V}$，$R_L=16\ \Omega$，u_i 为正弦波。求：

(1) 在三极管的饱和压降 U_{CES} 可以忽略不计的条件下，负载上可能得到的最大输出功率 P_{om}。

(2) 每个管子允许的管耗 P_{Tm} 至少应为多少？

(3) 每个管子的耐压 $|U_{(BR)CEO}|$ 应大于多少？

5. 在图 3-23 所示 OTL 电路中，已知 $V_{CC}=16\ \text{V}$，$R_L=4\ \Omega$，T_1 和 T_2 管的死区电压和饱和管压降均可忽略不计，输入电压足够大。试求最大不失真输出时的输出功率 P_{om} 和效率 η_m。

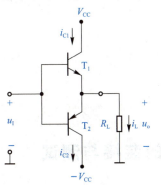

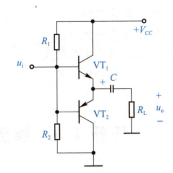

图 3-22　分析题第 4 题　　　　图 3-23　分析题第 5 题

项目 4　直流稳压电源的制作与测试

📋 项目描述

所有电子电路都需要电源才能正常工作，电子设备对电源电路的要求就是能够提供持续稳定、满足负载要求的电能，而且通常情况下都要求提供稳定的直流电能，提供这种稳定的直流电能的电源就是直流稳压电源。直流稳压电源可以分为线性和开关型两类。在船舶上应用到的直流稳压电源相关知识如下：

- 各种电子设备和电子电路的供电装置。
- 船舶电池或用电器充电设备。
- 电网绝缘监测仪等。

📋 项目分析

本项目从线性直流稳压电源的组成入手，分别介绍组成线性直流稳压电源的整流电路、滤波电路和稳压电路，最后介绍整流、滤波和稳压电路在船舶实际电路中的简单应用。

🧰 相关知识和技能

1. 单相半波整流和单相桥式整流电路。
2. 电容、电感滤波电路。
3. 稳压二极管原理和使用。
4. 三端线性稳压器件及其使用。
5. 线性直流稳压电源的制作。

任务 4.1　整流电路的装接与测试

🧰 任务目标

1. 知识目标
- 了解单相半波整流电路组成和电路输出输入关系。
- 了解单相桥式整流电路组成和电路输出输入关系。

2. 能力目标
- 能够利用二极管或整流桥搭接单相全波整流电路。

知识准备

由于电网系统供给的电能都是交流电，而几乎所有的电子设备，都需要电压稳定的直流电源供电。因此，必须将交流电变换成直流电（这一过程称为整流）。电池因为使用起来费用比较高，一般只用于低功耗的便携设备中，而更多场合下使用的都是直流稳压电源，才能正常工作。线性直流稳压电源一般由电源变压器、整流电路、滤波电路及稳压电路四部分组成，其结构框图和各部分相关的波形如图 4-1 所示。

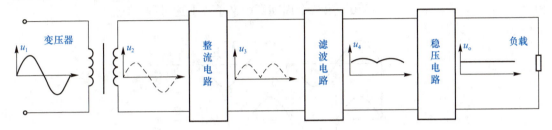

图 4-1　直流稳压电源的组成

1. 电源变压器

由于各种电子设备所需直流电压的幅值各不相同，因此，电源变压器首先将交流电网 220 V 的电压变为所需要的交流电压值，同时起到把电网与直流电源隔离的作用。

2. 整流电路

整流电路是利用具有单向导电性能的整流元器件，将正负交替的正弦交流电压变成单方向的脉动直流电压。但是这种直流电幅值变化很大，若直接作为电源为电路供电，电路的工作状态也会随之变化而影响性能。单相整流电路有半波整流、全波整流和桥式整流电路等。

3. 滤波电路

滤波电路的作用是尽可能地将单向脉动电压中的脉动成分滤掉，输出比较平滑的、脉动小的直流电。

4. 稳压电路

经过整流和滤波后，交流电变成了直流电，但其电压的稳定性很差，会随着电网电压的波动、负载和温度的变化而变化，稳压电路的功能是使输出的直流电基本不受输入电网电压的波动或负载变化的影响，保持输出直流电压稳定。

4.1.1　单相半波整流电路

1. 电路组成

图 4-2 所示为单相半波整流电路。它是最简单的整流电路，由整流变压器 T、整流二极管 VD 和负载 R_L 组成。由于二极管具有单向导电性，电路在一个周期内，二极管导通半个周期，负载 R_L 只获得半个周期的电压，故称为半波整流，经半波整流后获得的是波动较大的脉动直流电。

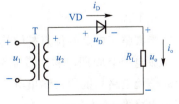

图 4-2　单相半波整流电路

2. 工作原理

图 4-2 中变压器 T 将电网的正弦交流电 u_1 变成 u_2，设

$$u_2 = \sqrt{2} U_2 \sin\omega t$$

波形图如图 4-3 所示。当电压 u_2 为正半周时，设其极性为上正下负，二极管因承受正向电压而导通。此时，负载电阻 R_L 上的电压为 u_o，通过的电流为 i_o。忽略二极管导通时正向压降，则相应有 $u_o = u_2$，$u_D = 0$，$i_o = i_D = u_2 / R_L$。

在电压 u_2 的负半周时，二极管因承受反向电压而截止，负载电阻 R_L 上电压为零，则相应有 $u_o = 0$，$u_D = u_2$，$i_o = i_D = 0$。第二个周期开始又重复上述过程。

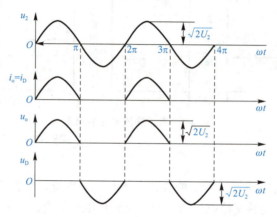

图 4-3 半波整流电路电压与电流波形图

3. 指标参数计算

(1) 输出电压平均值。根据图 4-3 可知，输出电压在一个周期内，二极管只在正半周导通，在负载上得到的是半个正弦波。负载上输出电压平均值为

$$U_o \approx 0.45 U_2 \tag{4-1}$$

式中 U_2——变压器二次侧输出电压的有效值。

(2) 流过负载和二极管的电流平均值。流过负载电阻 R_L 的电流平均值为

$$I_o = \frac{U_o}{R_L} \approx 0.45 \frac{U_2}{R_L} \tag{4-2}$$

(3) 流过二极管的电流平均值与负载电流平均值相等，即

$$I_D = I_o \approx 0.45 \frac{U_2}{R_L} \tag{4-3}$$

(4) 二极管承受的最高反向电压。二极管截止时承受的最高反向电压为 u_2 的最大值，即

$$U_{DRM} = \sqrt{2} U_2 \tag{4-4}$$

4. 特点

半波整流电路的优点是结构简单，使用元器件少。但是它也有明显的缺点：只是利用了交流电半个周期，输出直流分量较低，且输出波动大，电源变压器利用率也低。所以，半波整流电路只能用在输出电压较低且性能要求不高的地方，如电池充电器电路、电热毯控温电路等。

【例 4-1】 在图 4-4 所示电路中，负载电阻 $R_L=200\ \Omega$、电压 $u_2=25\sqrt{2}\sin314t$ V，求输出电压的平均值 U_o 及电流的平均值 I_o。

解：整流输出电压的平均值：$U_o=0.45\,U_2=0.45\times25=11.25(\text{V})$

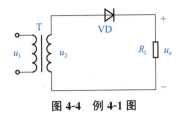

图 4-4　例 4-1 图

负载电流的平均值：$I_o=\dfrac{U_o}{R_L}=\dfrac{11.25}{200}=0.056\,3(\text{A})=56.3(\text{mA})$

4.1.2　单相桥式整流电路

为了克服半波整流电路电源利用率低，脉动程度大的缺点。在实用电路中多采用单相全波整流电路，其最常用的形式是单相桥式整流电路。

1. 电路组成

图 4-5 所示是单相桥式整流电路的 4 种画法，它由整流变压器、4 只二极管和负载电阻组成。

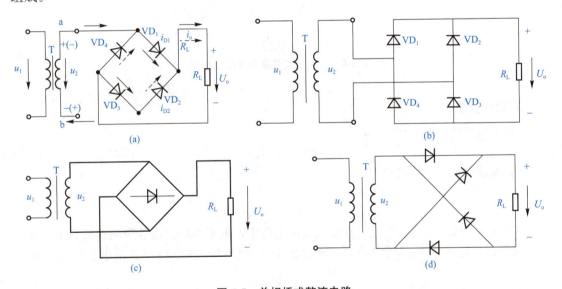

图 4-5　单相桥式整流电路
(a)桥式整流电路习惯画法；(b)普通画法 1；(c)简化画法；(d)普通画法 2

2. 工作原理

设变压器的二次侧电压 $u_2=\sqrt{2}\,U_2\sin\omega t$。$VD_1$ 在变压器二次电压 u_2 的正、负半周（设 a 端为正，b 端为负时是正半周）内电流通路分别用图 4-5(a)中实线和虚线箭头表示。

在 u_2 的正半周内（设 a 端为正，b 端为负），VD_1、VD_3 因正偏而导通，VD_2、VD_4 因反偏而截止；在 u_2 的负半周内（b 端为正，a 端为负），二极管 VD_2、VD_4 导通，VD_1、VD_3 截止。但是无论在 u_2 的正半周还是负半周，流过 R_L 中的电流方向是一致的。在 u_2 的整个周期内，4 个二极管分两组轮流导通或截止，负载上得到了单方向的脉动直流电压和电流。单相桥式整流电路中各处的波形如图 4-6 所示。

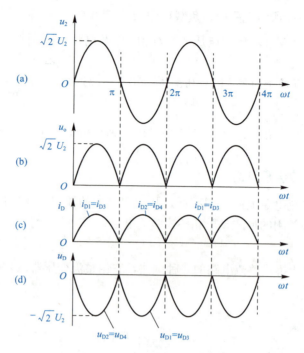

图 4-6　单相桥式整流电路的波形图

3. 指标参数计算

(1) 负载上输出的平均电压。

$$U_O \approx 0.9U_2 \tag{4-5}$$

(2) 流过负载的平均电流。

$$I_O = \frac{U_O}{R_L} \approx \frac{0.9U_2}{R_L} \tag{4-6}$$

(3) 流过二极管的平均电流。在桥式整流电路中，由于 4 只二极管两两轮流导电，即每个二极管都只是在半个周期内导通，所以每个二极管的平均电流是输出电流平均值的一半，即

$$I_D = \frac{1}{2}I_O \approx \frac{0.45U_2}{R_L} \tag{4-7}$$

(4) 二极管承受的最高反向电压。

$$U_{DRM} = \sqrt{2}U_2 \tag{4-8}$$

同样的道理，在 u_2 的负半周 VD_1、VD_3 也承受同样大小的反向电压。

4. 特点

单相桥式整流电路电源使用效率高，在同样的功率容量条件下，变压器结构简单，输出脉动小。

缺点：使用二极管的数量较多，由于实际上二极管的正向电阻不为零，必然使电路内阻较大，增大损耗，影响电源的输出。

5. 桥堆

由以上分析可知，桥式整流输出电压的直流分量大、波动小，且每个二极管流过的平均电流也小，因此，桥式整流电路应用较为广泛。为了使用方便，工厂已生产出桥式整流的组合器件，通常称为桥堆。它是将 4 个二极管集中制作成一个整体，其外形图如图 4-7 所示。桥堆有 4 个引线端，其中两个标有"~"符号的引脚为交流电源输入端，另两个引脚为直流输出端，接负载用，分别标有"+""-"号，如图 4-8 所示。

图 4-7 桥堆外形

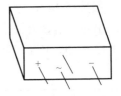

图 4-8 桥堆引脚

【例 4-2】 如图 4-5(a)所示电路中，变压器二次电压有效值 $U_2=20$ V，负载电阻 $R_L=50$ Ω。试计算：

(1)输出电压与输出电流的平均值各为多少？
(2)若整流桥中的二极管 VD_1 开路或短路，则分别产生什么现象？

解：
(1)根据式(4-5)可知，输出电压平均值为

$$U_o \approx 0.9 U_2 = 0.9 \times 20 = 18(\text{V})$$

根据式(4-6)可知，输出电流平均值为

$$I_o = \frac{U_o}{R_L} \approx \frac{0.9 U_2}{R_L} = \frac{18}{50} = 0.36(\text{A})$$

(2)若 VD_1 开路，则电路仅能实现半波整流，因而输出电压平均值仅为原来的一半。若 VD_1 短路，则在 u_2 的负半周变压器二次电压全部加在 VD_2 上，VD_2 将因电流过大而烧坏，且若 VD_2 也短路，则有可能烧坏变压器。

任务实施

整流电路的装接与测试

1. 目的

(1)巩固整流电路的构成及工作原理。
(2)掌握单相整流电路测试方法。

2. 设备与器件

示波器、万用表、变压器、电阻、二极管若干、电容。

3. 预习要求

说明实验原理图中 U_1、U_2、U_o 的物理意义。

4. 内容及步骤

(1)根据电路原理图(4-9)接好桥式整流电路。

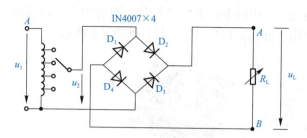

图 4-9　整流电路实验原理图

(2)u_2 一般选择 14 V，将 u_1 开关打开，交流电源被引入实验电路。

(3)用万用表测出直流输出电压(高电位接 R_L 的 A 端，低电位接 R_L 的 B 端)，并用示波器(红夹子接 R_L 的 A 端，黑夹子接 R_L 的 B 端)观察波形，记入表 4-1。

表 4-1　整流电路装接与测试

输出电压平均值(理论值)	输出电压平均值(测量值)	整流后波形

📋 任务思考

在桥式整流电路中，如果某个二极管发生开路、短路或反接三种情况，将会出现什么问题？

任务 4.2　滤波电路的装接与测试

🧰 任务目标

1. 知识目标

- 了解电容滤波、电感滤波电路的工作特性。
- 掌握电容滤波、电感滤波电路输出与输入之间的关系。

2. 能力目标

- 能够装接和测试电容滤波电路。

📋 知识准备

4.2.1　单相半波整流电容滤波电路

由于整流电路只是把交流电变成脉动的直流电。这种直流电波动很大，含有许多不同幅值和频率的交流成分。为了获得平稳的直流电，必须利用滤波器将交流成分滤掉。常用滤波电路有电容滤波、电感滤波和复式滤波等。

1. 电路组成

单相半波整流电容滤波电路[图 4-10(a)]是最简单的滤波电路，它由在整流电路输出端的负载并联一个电容 C 组成，因滤波电容容量较大，因此一般采用电解电容，接线时要注意电解电容的正、负极性。

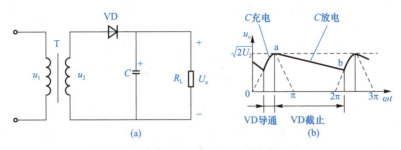

图 4-10 单相半波整流电容滤波电路及其波形
(a)电路；(b)理想情况下的波形

2. 工作原理

(1)有负载(电阻)情况。如图 4-10 所示，当接通电源，u_2 处于正半周，即 $u_2 > 0$ 时，VD 导通，电源在向负载 R_L 供电的同时又向电容充电，输出电压为 $u_o = u_2$。当 u_C 达到最大值 $\sqrt{2}U_2$ 后，u_2 开始下降，$u_2 < u_C$ 时，VD 反偏截止，由电容 C 向 R_L 放电，放电的时间常数为

$$\tau_d = R_L C$$

电容如此不断地充电、放电，使负载获得如图 4-10(b)中实线所示的 u_o 波形。

(2)空载情况。如图 4-10 所示，电容 C 迅速被充电到交流电压 u_2 的最大值，此后，二极管均截止，电容不可能放电，故输出电压 u_o 恒为 $\sqrt{2}U_2$。

3. 指标参数计算

通常，输出电压平均值可按下述公式估算取值。
半波整流电容滤波电路：

$$U_o \approx U_2 \tag{4-9}$$

4. 特点

单相半波整流电容滤波电路适用于负载电流较小且其变化也较小的场合。

4.2.2 单相桥式整流电容滤波电路

1. 电路组成

单相桥式整流电容滤波电路由单相桥式整流电路、大容量电容 C 和负载 R_L 组成，如图 4-11 所示。

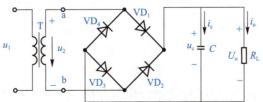

图 4-11 单相桥式整流电容滤波电路

2. 工作原理

在图 4-11 中，电容器 C 两端并上负载 R_L 后，当在 u_2 正半周和负半周，只要 $|u_2|>u_C$，则 VD_1、VD_3 与 VD_2、VD_4 轮流导通，u_2 不仅对负载 R_L 供电，还对电容器 C 充电。

当 $|u_2|<u_C$ 时，同样，4 个二极管均受反向电压而处于截止状态，而电容器 C 将向负载 R_L 放电。输出电压波形如图 4-12 所示。

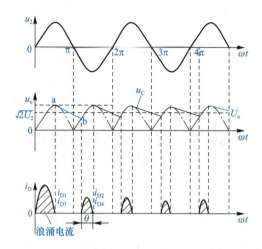

图 4-12　桥式整流电容滤波电路 u_o 波形图

3. 指标参数计算

(1) 输出直流电压。

$$U_o \approx 1.2 U_2 \tag{4-10}$$

(2) 负载电流。

$$I_o = 1.2 U_2 / R_L \tag{4-11}$$

(3) 二极管的选择。由于电容在开始充电瞬间，电流很大，所以二极管在接通电源瞬间流过较大的冲击尖峰电流，所以在实际应用中要求：

二极管的额定电流为

$$I_F \geqslant (2 \sim 3) \frac{U_L}{2 R_L} \tag{4-12}$$

二极管的最高反向电压为

$$U_{RM} \geqslant \sqrt{2} U_2 \tag{4-13}$$

(4) 电容器的选择。负载上直流电压平均值及其平滑程度与放电时间常数 $\tau = R_L C$ 有关。τ 越大，放电越慢，输出电压平均值越大，波形越平滑。实际应用中一般取

$$\tau = R_L C = (3 \sim 5) \frac{T}{2} \tag{4-14}$$

式中，T 为交流电源的周期，$T = \dfrac{1}{f} = \dfrac{1}{50} = 0.02(s)$。

电容器的耐压为

$$U_C \geqslant \sqrt{2} U_2 \tag{4-15}$$

4. 特点

单相桥式整流电容滤波电路结构简单，使用方便，但是当负载电流较大时会造成输出

电压下降，波动增加。所以，其适合在负载电流较小和输出电压较高的情况下使用，如在各种家用电器的电源电路上被广泛应用。

【例 4-3】 在图 4-11 所示电路中，设二极管为理想二极管。已知 $U_2=20$ V（有效值），操作者用直流电压表测量负载两端电压值时，出现下列 5 种情况：①28 V；②24 V；③20 V；④18 V；⑤9 V。试讨论：这 5 种情况中，哪些是正常工作情况？哪些发生了故障？如果有故障，试分析故障产生的原因。

解： 单相桥式整流电容滤波电路输出电压的值为

$$U_o \approx 1.2 U_2$$

在电路正常工作时，该电路输出的直流电压 U_o 应为 24 V。因此，在这 5 种情况中，第②种情况是正常的工作情况，其他 4 种情况均为不正常的工作情况。

对于第①种情况 $U_o=28$ V，根据单相桥式整流电容滤波电路的特性可知，当 R_L 开路时 $U_o=\sqrt{2}U_2=28$(V)，所以，这种情况是负载 R_L 开路所致。

对于第③种情况 $U_o=20$ V，说明该电路已经不是桥式整流电容滤波电路了。因为半波整流电容滤波电路的输出电压估算式为 $U_o \approx U_2=20$ V，所以，可知出现这种情况的原因是 4 个二极管中至少有一个二极管开路，变成了半波整流电容滤波电路。

对于第④种情况 $U_o=18$ V，这个数值满足桥式整流电路的输出电压值 $U_o \approx 0.9 U_2 = 18$ V，说明滤波电容没起作用。所以，出现这种情况的原因是滤波电容开路。

对于第⑤种情况 $U_o=9$ V，这个数值正好是半波整流电路输出的直流电压，即 $U_o \approx 0.45 U_2 = 9$ V。出现这种情况的原因是有 1 个或 2 个二极管开路，且滤波电容也开路。

4.2.3 单相桥式整流电感滤波电路

1. 电路组成

在单相桥式整流电路与负载电阻之间串联一个电感线圈 L 就构成了单相桥式整流电感滤波电路，如图 4-13 所示。由于电感线圈的电感量要足够大，所以一般需要采用有铁芯的线圈。

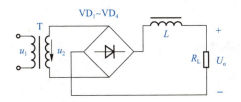

图 4-13 单相桥式整流电感滤波电路

2. 工作原理

如图 4-13 所示。整流电路输出的脉动直流电压中的直流成分在电感线圈上形成的压降很小，而交流成分几乎全都降落在电感上，负载电阻上得到平稳的直流电压。电感量越大，电压越平稳，滤波效果越好。

3. 指标参数计算

在线圈电阻可忽略的情况下，电感滤波电路输出的电压平均值为

$$U_o \approx 0.9 U_2 \tag{4-16}$$

4. 特点

单相桥式整流电感滤波电路适用电压低、负载电流较大的场合，如工业电镀等。其缺点是体积大，易引起电磁干扰。

4.2.4 复式滤波电路

为进一步提高滤波效果，可将电感、电容和电阻组合起来，构成复式滤波电路，常见的有 LC 型、π-RC 型和 π-LC 型复式滤波电路，如图 4-14 所示。

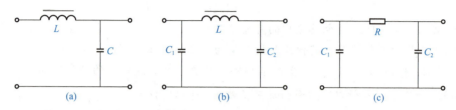

图 4-14 复式滤波电路

(a)LC 型滤波器；(b)π-LC 型滤波器；(c)π-RC 型滤波器

1. LC 型滤波电路

如图 4-15 所示，在滤波电容 C 之前串联一个电感 L，就构成了 LC 型滤波电路。该电路可使输出至负载 R_L 上的电压的交流成分进一步降低。该电路适用高频或负载电流较大，并要求脉动很小的电子设备。

2. π-LC 型滤波电路

为了进一步提高整流输出电压的平滑性，可以在 LC 滤波电路之前再并联一个滤波电容 C，如图 4-16 所示，这就构成了 π-LC 型滤波电路。

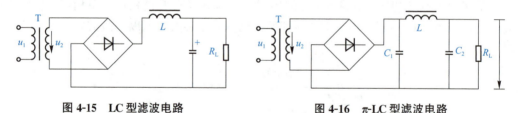

图 4-15 LC 型滤波电路　　　　图 4-16 π-LC 型滤波电路

3. π-RC 型滤波电路

由于带有铁芯的电感线圈体积大、价格高，因此，常用电阻 R 来代替电感 L 构成 π-RC 型滤波电路，如图 4-17 所示。只要适当选择 R 和 C 的参数，在负载两端就可以获得脉动极小的直流电压，该类型滤波电路在小功率电子设备中被广泛采用。

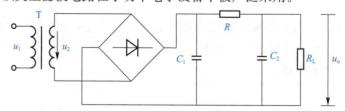

图 4-17 π-RC 型滤波电路

任务实施

电容滤波电路装接与测试

在图 4-9 所示的整流电路的基础上将 470 μF 电容接入电路,构成图 4-18 所示的整流滤波电路。用万用表测出直流输出电压,用示波器观察滤波后波形,并将结果记录在表 4-2 中。

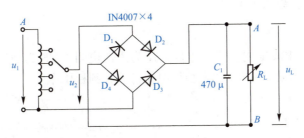

图 4-18　整流滤波电路

表 4-2　滤波电路装接与测试

输出电压平均值(理论值)	输出电压平均值(测量值)	整流滤波后波形

任务思考

滤波的主要目的是什么?对于电容滤波电路,若采用的电容较小,滤波后得到的波形会如何?输出电压的平均值会如何?

任务 4.3　稳压电路的装接与测试

任务目标

1. 知识目标
- 了解和掌握稳压二极管稳压电路原理。
- 认识集成线性三端稳压器的特点和类型。
- 了解集成线性三端稳压器的应用。

2. 能力目标
- 能够认出电路系统中的稳压电路。
- 能够装接和测试简单的稳压电路。

知识准备

整流滤波电路的输出电压会随着电网电压的波动和负载电阻的改变而变动。为了获得稳定性好的直流电压，需要在整流滤波电路后加上稳压电路，使输出的直流电压在上述两种变化条件下保持稳定。

4.3.1 稳压二极管稳压电路

1. 电路组成

如图 4-19 所示，虚线框内为稳压电路，R 为限流电阻，VS 为稳压二极管。无论是电网电压波动还是负载电阻 R_L 的变化，稳压电路都能起到稳压作用。

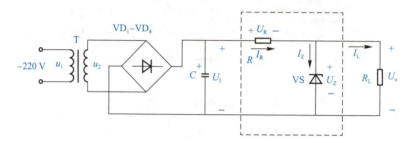

图 4-19　稳压二极管稳压电路

2. 工作原理

对任何稳压电路都应从两个方面考察其稳压特性：一是当电网电压波动，研究输出电压是否稳定；二是当负载变化，研究输出电压是否稳定。

（1）负载不变，电网电压波动。当电网电压升高时，稳压电路的输入电压 U_I 随之升高，必将引起输出电压 U_o（U_Z）升高，根据稳压二极管的伏安特性，U_Z 的增大就会使流过稳压二极管的电流急剧增加，这将导致限流电阻 R 上的压降增加，从而使负载两端的输出电压下降。可见，稳压二极管是利用其电流的剧烈变化通过限流电阻转化为压降的变化来吸收输入电压 U_I 的变化，从而维持了输出电压 U_o 的稳定。上述过程可简单描述为：

电网电压 $\uparrow \to U_I \uparrow \to U_o(U_Z) \uparrow \to I_Z \uparrow \to I_R(I_R = I_Z + I_o) \uparrow \to U_R \uparrow \to U_o(U_o = U_I - U_R) \downarrow$。

当电网电压下降时，各电量的变化与上述过程相反。

（2）输入电压不变，负载变化。若负载电阻 R_L 减小，会造成输出电流 I_o 和 I_R 的增大，引起输出电压 U_o 的减小。此时将导致稳压二极管中的电流 I_Z 急剧减小，限流电阻 R 上的压降也将减小，从而使输出电压 U_o 提高，维持了输出电压 U_o 的稳定。上述过程可简单描述为：$R_L \downarrow \to U_o(U_Z) \downarrow \to I_Z \downarrow \to I_R \downarrow \to U_R \downarrow \to U_o \uparrow$。

以上讨论表明，限流电阻的作用不仅是保护稳压二极管，而且还起着调整电压的作用。只有稳压二极管与限流电阻相互配合，才能完成稳压的过程。

3. 器件的选择

稳压二极管主要从电路的输出电压值和负载电流的大小两方面进行考虑：稳压二极管的稳定电压 U_Z 等于电路的输出电压 U_o；稳压二极管的稳定电流 I_Z 应大于电路负载电流 I_o 的 5 倍。满足这两个条件，再根据电路要求的稳压精度来选择稳压二极管。

(1)稳压管型号的确定。稳压管型号的选择要看稳压管的稳压值 U_Z 和最大电流 I_{Zmax}。一般情况下选择 $U_Z=U_o$、$I_{Zmax}=(1.5\sim3)I_{Lmax}$ 的稳压管(I_{Lmax} 为负载最大电流)。

(2)输入电压 U_I 的确定。由于电网电压的变化,因此:

$$U_I=(2\sim3)U_o \qquad (4\text{-}17)$$

(3)限流电阻的选择。当输入电压最小,负载电流最大时,流过稳压管的电流最小,由此可计算出限流电阻的最大值,即

$$R_{max}=\frac{U_{Imin}-U_Z}{I_{Zmin}+I_{Lmax}} \qquad (4\text{-}18)$$

当输入电压最大,负载电流最小时,流过稳压管的电流最大,由此可计算出限流电阻的最小值,即

$$R_{min}=\frac{U_{Imax}-U_Z}{I_{Zmax}+I_{Lmin}} \qquad (4\text{-}19)$$

实际限流电阻的阻值应介于最大值和最小值之间,即 $R_{min}<R<R_{max}$。

4. 特点

稳压二极管稳压电路结构简单、调试方便、成本低。但受稳压管最大电流限制,不能任意调节输出电压,电路受温度的影响较大,稳压精度差。所以,其只适用输出电压不需要调节,负载电流小,要求不是很高的场合。

4.3.2 集成线性稳压电路

集成线性稳压电路把电路中所有的元器件都集中制作在一小块硅片上,这不但缩小了体积和质量,而且大大提高了电路工作的可靠性,减少了组装和调整的工作量。因此,其在实际工程中得到了广泛应用。

1. 三端集成稳压器的分类

三端集成稳压器有以下几种:

(1)三端固定正输出集成稳压器,如图 4-20 所示。型号为 W78××、W78M××、W78L××。

W:生产公司代号,我国采用 CW;

78:表示输出为正电压;

M、L:输出电流值,M 为 0.5 A,L 为 0.1 A,没标时输出电流值为 1.5 A;

××:输出电压值。

例如:W7805 表示输出电压为+5 V,电流为 1.5 A;W78M05 表示输出电压为+5 V,电流为 0.5 A。

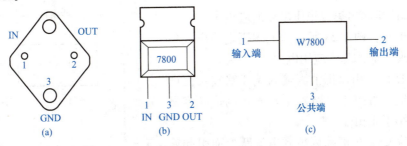

图 4-20　78××系列的封装、引脚排列和符号

(a)TO-3 封装;(b)TO-220 封装;(c)符号

(2)三端固定负输出集成稳压器，如图 4-21 所示。型号为 W79××、CW79M××、W79L××。

例如：W7905 表示输出电压为 -5 V，电流为 1.5 A；W79M05 表示输出电压为 -5 V，电流为 0.5 A。

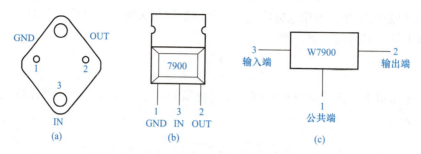

图 4-21 W79×× 系列的封装、引脚排列和符号

(a)TO-3 封装；(b)TO-220 封装；(c)符号

(3)三端可调正输出集成稳压器，如图 4-22 所示，国标型号为：

CW117、CW117M、CW117L(为军品级，工作温度范围为 -55 ℃～150 ℃)

CW217、CW217M、CW217L(为工业品级，工作温度范围为 -25 ℃～150 ℃)

CW317、CW317M、CW317L(为民品级，工作温度范围为 0 ℃～125 ℃)

CW：我国生产公司代号；

×17：×=1、2、3，表示军品、工业或者民品，17 表示输出为正电压；

M、L：同上。

(4)三端可调负输出集成稳压器。如图 4-22 所示，国标型号为 CW137、CW137M、CW137L、CW237、CW237M、CW237L、CW337、CW337M、CW337L。

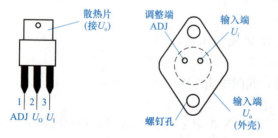

图 4-22 集成三端可调式稳压器的封装

2. 应用电路

(1)三端固定输出集成稳压电路的应用。

①基本电路。图 4-23 所示为三端固定输出式集成稳压电路使用时的基本应用电路。

外接电容 C_i：用以抵消因输入端线路较长而产生的电感效应，可防止电路发生自激振荡，其容量较小，一般小于 1 μF。

外接电容 C_o：可消除因负载电流跃变而引起输

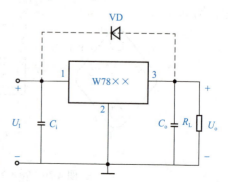

图 4-23 W78×× 的基本应用电路

出电压的较大波动，可取小于 1 μF 的电容。

二极管：如果输入端断开，C_o 将从稳压电路输出端向稳压电路放电，易使稳压电路损坏。因此，可在稳压电路的输入端与输出端之间跨接一个二极管，如图 4-23 中虚线所画，起保护作用。

U_I：整流滤波后的直流电压。

U_o：稳压后的输出电压。

② 正、负输出稳压电路。

如图 4-24(a)所示，用 W7815 和 W7915 组成的正、负输出稳压电路，可同时向负载提供 15 V 和 −15 V 的直流电压。

如图 4-24(b)所示，W7815 外接一个由集成运放组成的反相器，可将单极性电压变为双极性输出电压(图中未画 C_i 和 C_o)。

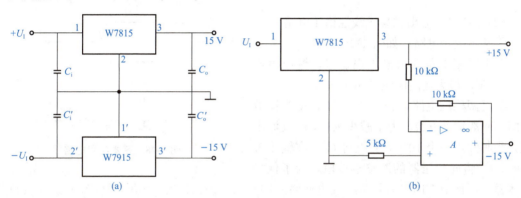

图 4-24　正、负输出稳压电路
(a)双管接法；(b)单管接法

③ 恒流源电路。如图 4-25 所示，以 W7805 为例，负载 R_L 上得到的电流应为 I 和 I_W 之和，即 $I_o = I_W + I = I_W + \dfrac{5 \text{ V}}{R_o}$

④ 扩大输出电流的稳压电路。

如图 4-26 所示，$I_{o\times\times}$ 为稳压集成块标称电流值，取 $R_1 = U_{BE1}/I_{o\times\times}$，则
$$I_o = I_{o\times\times} + I_{C1}$$

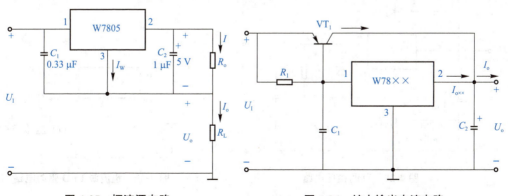

图 4-25　恒流源电路　　　　　图 4-26　扩大输出电流电路

⑤扩大输出电压电路。如图 4-27 所示，图 4-27(a)中输出电压 $U_o = U_{××} + U_Z$，图 4-27(b) 输出电压 $U_o = U_{××} + U_{R_2}$。

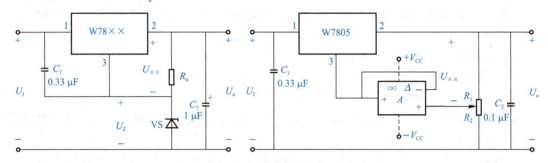

图 4-27 扩大输出电压电路

(2)三端可调输出式集成线性稳压电路

①基本应用电路。如图 4-28 所示。

基本应用电路输出电压很稳定，输出电压为 1.25 V，最大输出电流可达 1.5 A。

②可调稳压电路。在图 4-29 中，R 为泄放电阻，一般取 240 Ω，为了减少 R_P 上的纹波电压，为其并接一个 10 μF 的电容 C_3。在输出开路时，C_3 将向稳压器的调整端放电，为了保护

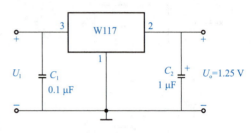

图 4-28 基本应用电路

稳压器、可加上 VD_1，提供一个放电回路。VD_2 为保护二极管，其作用与图 4-23 中 VD 的作用相同。

为了使电路正常工作，一般输出电流不小于 5 mA。由于调整端的输出电流非常小，故可忽略，那么该电路的可调输出电压可用下式表示：

$$U_o \approx \left(1 + \frac{R_P}{R}\right) \times 1.25 \text{V}$$

③恒流源 LED 驱动电路。图 4-30 所示为一个由 LM317 构成的恒流源 LED 驱动电路。无论 LM317 芯片 ADJ(调整端)引脚的电压是多少，LM317 都会将它的输出电压保持在 1.25 V。只要电阻 R 值固定，流过 LED 的电流就恒定不变。

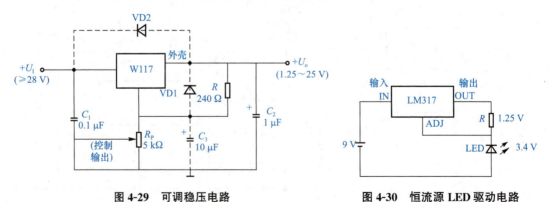

图 4-29 可调稳压电路　　　　　图 4-30 恒流源 LED 驱动电路

任务实施

直流稳压电源的制作

1. 目的

(1)巩固直流稳压电源的构成及工作原理。

(2)掌握直流稳压电源调试方法。

2. 设备与器件

(1)可调工频电源、交流毫伏表、直流毫安表、桥堆2WO6(或 KBP306→)、电阻、电容、直流电压表、三端稳压器 W7805。

3. 预习要求

复习教材中有关直流稳压电源内容。

4. 内容及步骤

(1)按图 4-31 把电路接好,整流电路采用桥堆,桥堆实物图如图 4-32 所示,桥堆 AC 两孔接交流,⊕、⊖两孔为整流后的直流电。

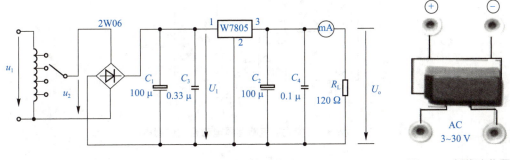

图 4-31 由 W7 805 构成的稳压电源电路 　　图 4-32 桥堆实物图

(2)接通工频 14 V 电源,用直流电压表测量稳压器输出电压 U_o,并将测量值与理论值相比较。

任务思考

利用稳压管稳压和三端稳压器件稳压,待稳电压应大于、小于还是等于稳定电压?

任务 4.4　船舶应用实例分析

任务目标

1. 知识目标

- 了解整流、滤波、稳压电路在船舶中的应用实例。

2. 能力目标

- 能够认出电路中的整流、滤波、稳压电路。

相关知识

4.4.1 万能式空气断路器控制电路

万能式空气断路器主要用作船舶发电机主开关,控制发电机投入电网或从电网上断开,同时也对电网提供过载、短路、欠压等保护。下面以船用 DW-98 型万能式空气断路器的电磁合闸为例来介绍整流电路在其控制电路中的应用,如图 4-33 所示。电路控制原理:发电机建立电压后,交流电经二极管 VD 整流后向电容充电。合闸时,按下合闸按钮 SB,电容 C 向继电器 KA 放电,KA 线圈得电,其常闭触点 KA_1、KA_2 断开,停止向电容充电,常开触点 KA_3 闭合,自锁,常开触点 $KA_4 \sim KA_5$ 闭合,交流电通过 $D_1 \sim D_4$ 整流后,合闸电磁线圈 KM 得电,产生电磁吸力,断路器合闸机构中的储能弹簧在电磁吸力作用下被拉伸,为合闸做准备。

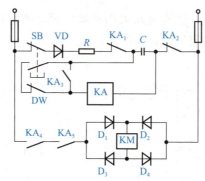

图 4-33 DW-98 万能式空气断路器电磁合闸控制电路

4.4.2 船舶电网绝缘监视

船舶电力系统大多采用三相三线制中性点对地绝缘系统,对电网绝缘进行监视,是船舶电网保护的重要内容之一。在不带电的情况下,常用摇表(也称为兆欧表)对船舶电网或设备进行绝缘电阻测量,但电网带电情况下,对绝缘电阻的测量是用船舶电网绝缘监视系统来实现的,它由安装在主配电板上的配电屏式兆欧表连续监测船舶电网对地绝缘情况,由声光报警系统发出报警信号。当配电屏式兆欧表测得的电网绝缘电阻低于设定值时,系统就会发出声光报警信号,从而保障电网供电的安全性和可靠性。配电屏式兆欧表测量电网绝缘电阻的原理如图 4-34 所示。

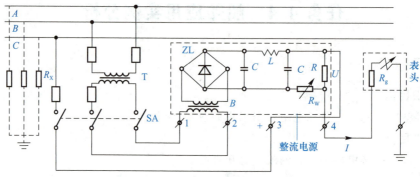

图 4-34 配电屏式兆欧表测量电网绝缘电阻的原理图

兆欧表主要由测量装置(表头)和附加装置(整流电源)组成,类似于直流电流表,整流电源提供直流稳压电源U,流过测量装置的电流I仅与电源电压U及被测绝缘电阻R_X有关,即

$$I=\frac{U}{R+R_g+R_X}$$

一旦电网某一相绝缘电阻降低,则R_X变小,流过测量装置的电流就会增大,测量机构表头指针的偏转也就增大,只要表头刻度与绝缘电阻值对应,就可以通过表头直接读取绝缘电阻值。

任务实施

±12 V 直流稳压电源设计

运用本项目所学内容,对图 2-83 温度信号采集与放大电路设计一个±12 V 电源。

项目小结

1. 整流的作用就是将交流电变成脉动直流电。单相整流电路有半波整流、全波整流和桥式整流电路等。

2. 滤波作用是尽可能地将整流后直流电中的脉动成分滤掉。常用滤波电路有电容滤波、电感滤波和复式滤波等。

3. 稳压的作用是使输出的直流电基本不受输入电网电压波动或负载变化的影响,保持输出直流电压稳定。常见的有稳压管稳压和三端集成稳压器稳压。

项目评价

评价项目	权重	考核内容	考核标准	分值	自评(25%)	互评(25%)	教师(50%)
学习态度	20%	出勤与纪律	旷课一次扣3分;迟到扣1分	10分			
		学习参与度	结合听讲、发言、讨论情况给分	10分			
理论+技能	60%	整流电路的装接与测试	1. 能正确搭接整流电路	10分			
			2. 能正确测量输出电压、观察整流后的输出波形	10分			
		电容滤波电路的装接与测试	1. 能正确搭接电容滤波电路	10分			
			2. 能正确测量整流滤波后的输出电压、观察整流滤波后的输出波形	10分			
		稳压电路的装接与测试	1. 能正确搭接稳压电路	10分			
			2. 正确选择合适的稳压器件,正确测量整流滤波稳压后的输出电压、观察整流滤波稳压后的输出波形	10分			

续表

评价项目	权重	考核内容	考核标准	分值	自评(25%)	互评(25%)	教师(50%)
项目报告	10%	实验报告	内容完整、格式标准、实验数据记录翔实准确	10分			
职业素养	10%		1. 注重文明、安全、规范操作； 2. 正确使用仪器设备； 3. 善于沟通协调，具有团队合作精神	10分			
总成绩							

练习与思考

一、填空

1. 小功率直流稳压电源由_____、_____、_____、_____ 四部分组成。

2. 将交流电变换成脉动直流电的电路称为整流电路；半波整流电路输出的直流电压平均值等于输入的交流电压(变压器副边电压)有效值的_____倍；全波整流电路输出的直流电压平均值等于输入的交流电压(变压器副边电压)有效值的_____倍。

3. 不管是单相半波整流电路或是单相全波和单相桥式整流电路，都是利用二极管具有_____，将交流电压变换为单向脉冲电压。

二、选择

1. 整流的目的是(   )。
   A. 将交流变为直流   B. 将高频变为低频
   C. 将正弦波变为方波   D. 将直流变为交流

2. 已知降压变压器次级绕组电压为12 V，负载两端的输出电压为10.8 V，则这是一个单相(   )电路。
   A. 桥式整流   B. 半波整流
   C. 桥式整流电容滤波   D. 半波整流电容滤波

3. 桥式整流电路若变压器二次电压为 $u_2=10\sqrt{2}\sin\omega t$ V，则每个整流管所承受的最大反向电压为(   )。
   A. $10\sqrt{2}$ V   B. $20\sqrt{2}$ V
   C. 20 V   D. $\sqrt{2}$ V

4. 在单相桥式整流电路中，若有一只整流管接反，则(   )。
   A. 输出电压约为 $2U_D$ B. 输出电压约为 $U_D/2$
   C. 整流管将因电流过大而烧坏 D. 变为半波整流

5. 在变压器副边电压和负载电阻相同的情况下，桥式整流电路的输出电压是半波整流电路输出电压的(   )倍。
   A. 1   B. 2   C. 1.5   D. 0.5

6. 在单相桥式整流电容滤波电路中，已知变压器二次电压有效值 $U_2=24$ V，设二极管为理想二极管，用直流电压表测得 R_L 的电压值约为 21.6 V，则电路的现象是(   )。

   A. 正常工作情况　　　　　　　　B. R_L 开路

   C. C 开路　　　　　　　　　　 D. 一个二极管和 C 开路

   E. 一个二极管开路　　　　　　　F. 其他情况

7. 单相桥式整流电容滤波电路输出电压平均值 $U_o=(\quad)U_2$。

   A. 0.45　　　　B. 0.9　　　　C. 1.2　　　　D. 1.5

8. 直流稳压电源中滤波电路的作用是(   )。

   A. 将交流变为直流

   B. 将高频变为低频

   C. 将交、直流混合量中的交流成分滤掉

   D. 以上都不对

三、判断

(　　)1. 直流稳压电源是一种能量转换电路，它将交流能量转变为直流能量。

(　　)2. 全波整流电路有 4 个整流管，所以流过每个整流管的电流为负载电流的 1/4。

四、计算分析

1. 电路如图 4-35 所示，$u_i=5\sin\omega t$/V，二极管可视为理想二极管，画出 u_o 的波形。

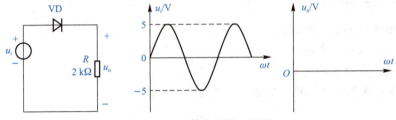

图 4-35　计算分析第 1 题图

2. 二极管电路如图 4-36 所示，设二极管均为理想二极管，$u_s=10\sin\omega t$ V。

   (1) 画出负载 R_L 两端电压 u_o 的波形。

   (2) 若 VD_3 开路，试重画 u_o 的波形。

   (3) 若 VD_3 被短路，会出现什么现象？

3. 在单相桥式整流电容滤波电路中，已知电网电压的波动范围为 ±10%，$U_o=1.2U_2$。要求输出电压平均值 $U_o=15$ V，负载电流平均值 I_L 为 100 mA。试选择合适的滤波电容。

4. 在图 4-37 所示电路中，已知 W7805 的输出电压为 5 V，$I_W=5$ mA，$R_1=1$ kΩ，$R_2=200$ Ω。试求输出电压 U_o 的调节范围。

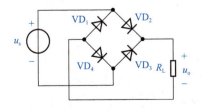

图 4-36　计算分析第 2 题图

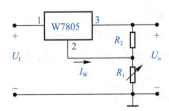

图 4-37　计算分析第 4 题图

项目 5　正弦波信号发生电路

📋 项目描述

正弦波是最常见的信号源之一，任何复杂信号都可以看成是由许多频率不同、大小不等的正弦波复合而成。能产生正弦波输出的电路即为正弦波发生电路，它是各类波形发生器和信号源的核心电路。很多船舶用电子电路及设备在其研究、测试或调整时，为测定电路的一些电参量，都需要用到正弦波发生器用以模拟在实际工作中使用的待测设备的激励信号。

📋 项目分析

本项目首先学习正弦波振荡的基础知识，在了解与掌握相关知识的基础上再学习一些常用正弦波振荡电路及相关技能。

🧰 相关知识和技能

1. 正弦波振荡的基础知识。
2. 常用正弦波振荡电路。
3. 正弦波振荡产生的判断。
4. RC 桥式振荡电路的装接及主要性能指标的测试。

任务 5.1　正弦波振荡的基础知识

🧰 任务目标

1. 知识目标

- 掌握正弦波振荡电路起振条件。
- 了解振荡电路的建立和稳幅。
- 掌握正弦波振荡电路的组成和分析方法。

2. 能力目标

- 能够从结构上判断电路是否能起振。
- 能够装接简单的正弦波振荡电路。

📋 知识准备

在之前的项目中已经讨论过，正反馈对放大器的正常工作是不利的，应当避免。但是，它也启发了人们，使人们可以有意识地利用正反馈组成正弦波产生电路，使电路在没有输入信号的情况下，也能输出正弦波。这样的正弦波信号源被称为正弦波振荡器。

5.1.1 产生正弦波振荡的条件

本任务以图 5-1 所示的框图来分析正弦波振荡形成的条件。

从结构上看，正弦波振荡电路实际上是一个引入正反馈的放大电路。如果开关 S 先接到 1 端，将正弦波电压 $\dot{U}_i$ 输入到电压放大器，则输出正弦波电压 $\dot{U}_o$；再将开关接到 2 端，若能保证使 $\dot{U}_f = \dot{U}_i$，也能稳定地输出电压 $\dot{U}_o$。

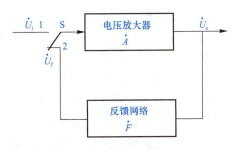

图 5-1 正弦波振荡电路的框图

由此可见，振荡形成的基本条件是反馈信号与输入信号大小相等、相位相同，即 $\dot{U}_f = \dot{U}_i$，而 $\dot{U}_f = \dot{F}\dot{U}_o$，$\dot{U}_o = \dot{A}\dot{U}_i$ 即 $\dot{U}_f = \dot{A}\dot{F}\dot{U}_i$，可得 $\dot{A}\dot{F} = 1$。

此条件包含着两层含义：

(1)幅度平衡条件。反馈信号与输入信号大小相等，表示为 $|\dot{U}_f| = |\dot{U}_i|$，即 $|\dot{A}\dot{F}| = 1$。

(2)相位平衡条件。反馈信号与输入信号相位相同，表示输入信号经过放大电路产生的相移 ϕ_A 和反馈网络产生的相移 ϕ_F 之和为 $0、2\pi、4\pi、\cdots、2n\pi$，即

$$\phi_A + \phi_F = 2n\pi \quad (n = 0, 1, 2, 3, \cdots)$$

5.1.2 振荡电路的建立和稳幅

1. 振荡电路的起振

当振荡电路接通电源时，随着电流从零开始突然增大，电路中将产生噪声。此噪声频谱很宽，包含了从低频到高频的各种频率，从中可选出一种频率的信号满足振荡的相位平衡条件而使电路产生正反馈。如果此时电压放大器的放大倍数足够大，满足 $|\dot{A}\dot{F}| > 1$ 的条件，则这一信号便可通过振荡电路的放大、选频环节被不断放大，而其他频率的信号则被选频网络抑制掉。这样，在很短的时间内就会得到一个由弱变强的输出信号，使电路振荡起来。

2. 振荡电路的稳幅

随着电路输出信号的增大，晶体管的工作范围进入截止区和饱和区，使输出信号波形失真，从而限制了振荡幅度的无限增大。稳幅环节的作用就是使 $|\dot{A}\dot{F}| > 1$ 达到 $|\dot{A}\dot{F}| = 1$ 的稳定状态，使输出信号幅度稳定，且波形良好。从电路的起振到形成稳幅振荡所需的时间是极短的(大约经历几个振荡周期的时间)。

5.1.3 正弦波振荡电路的组成和分析方法

1. 基本组成部分

正弦波振荡电路一般由放大电路、反馈电路、选频网络和稳幅环节四个部分组成。

(1)放大电路。放大电路应有合适的静态工作点，以保证放大电路的放大作用。

(2)反馈网络。反馈网络的作用是形成正反馈以满足相位平衡条件。

(3)选频网络。选频网络的作用是选择某一频率使之满足振荡条件,形成单一频率的正弦波。通常将选频网络和反馈网络合二为一。

(4)稳幅环节。用于稳定振荡电路输出信号的振幅,改善波形,此环节一般为负反馈。

2. 分析方法

对正弦波振荡电路的分析包含判断电路能否产生振荡、振荡电路的振荡频率等。通常可采用下列步骤进行分析:

(1)检查电路是否具有放大电路、反馈网络、选频网络和稳幅环节四个部分。

(2)检查放大电路是否有合适的静态工作点,能否正常放大。

(3)用瞬时极性法来判断电路是否满足相位平衡条件。

(4)判断电路能否满足起振条件和幅度平衡条件。幅度平衡条件容易满足。

任务实施

正弦波振荡电路起振判断

请根据学过的知识判断一下图 5-2 所示的两个电路哪个能产生正弦波振荡。并将判断的理由填写在表 5-1 中。

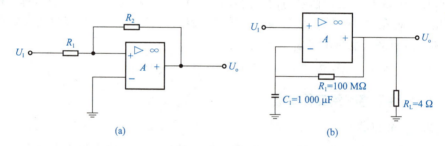

图 5-2 任务实施图

表 5-1 正弦波振荡电路起振判断

图(a)	能否振荡:能 否	理由:
图(b)	能否振荡:能 否	理由:

任务思考

判断能否起振,最关键的条件是什么?

任务 5.2 常用正弦波振荡电路

任务目标

1. 知识目标

• 掌握常用的正弦波振荡电路的组成。

- 掌握常用的正弦波振荡电路的工作原理。

2. 能力目标
- 能够装接常用的正弦波振荡电路。
- 能按步骤测试简单正弦波振荡电路。
- 能计算正弦波振荡电路的振荡频率。

知识准备

常用的正弦波振荡电路主要有 RC 桥式正弦波振荡电路、LC 正弦波振荡电路、石英晶体正弦波振荡电路。

5.2.1 RC 桥式正弦波振荡电路

1. 电路组成

图 5-3 所示电路为 RC 桥式(文氏桥)正弦波振荡电路。

放大电路：运算放大器 A。

反馈环节：R、C 串、并联构成正反馈网络。

选频网络：RC 谐振电路。

稳幅环节：R_f、R_1 组成负反馈网络。

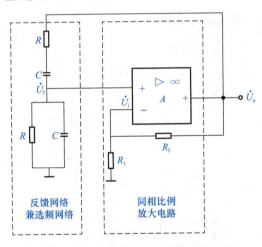

图 5-3 RC 桥式正弦波振荡电路原理图

2. 工作原理

运算放大器接成同相输入方式，即 $\phi_A=0$。当信号频率为 RC 网络的固有振荡频率 f_0 时，反馈网络的反馈系数最大，即 $|\dot{F}|=1/3$ 时，相角 $\phi_F=0$，满足自激振荡的相位平衡条件($\phi_A+\phi_F=0$)。

经推导可得其振荡频率为

$$f=f_0=\frac{1}{2\pi RC} \tag{5-1}$$

因为电路振荡时，反馈系数 $|\dot{F}|=1/3$，根据起振条件 $|\dot{A}\dot{F}|>1$，所以，要求电路的电

压放大倍数为

$$A_f = 1 + \frac{R_f}{R_1} > 3$$

即

$$R_f > 2R_1$$

电路能够顺利起振。

改变 R、C 的数值可以改变振荡频率，以及改变 R_f，可以调整输出波形的幅值。

5.2.2 LC 正弦波振荡电路

1. 变压器反馈式 LC 正弦波振荡电路

（1）电路组成。图 5-4 所示是变压器反馈式 LC 正弦波振荡电路。

放大及稳幅环节：共发射极放大电路。

反馈环节：变压器线圈 L_3 构成反馈电路。

选频网络：L_1、C 构成选频网络。

（2）工作原理。由图中 L_1 和 L_3 同名端可知，反馈信号的极性与输出电压极性相反而形成正反馈，L_3 匝数选择合适，使其反馈电压高于基极原始扰动电压数值，即能满足振幅条件，于是电路能够起振。该电路的振荡频率为

$$f \approx f_0 = \frac{1}{2\pi\sqrt{LC}} \tag{5-2}$$

式中　L——选频网络的等效电感。

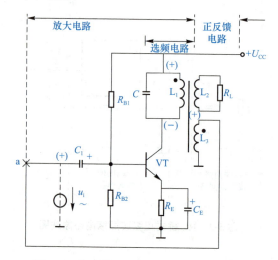

图 5-4　变压器反馈式 LC 正弦波振荡电路

2. 电感反馈式正弦波振荡电路

（1）电路组成。图 5-5 所示为电感反馈式正弦波振荡电路。

放大及稳幅环节：共发射极放大电路。

反馈环节：互感器线圈 L_2 构成正反馈网络。

选频网络：L_1、L_2、C 构成选频网络。

（2）工作原理。假设基极瞬时极性为正，由于放大器的倒相作用，集电极电位为负，与基极相位相反，则电感的③端为负，②端为公共端，①端为正，各瞬时极性如图 5-5 所示。

反馈电压由①端引至晶体管的基极,故为正反馈,满足相位平衡条件。

而从图 5-5 可以看出,反馈电压是取自电感 L_2 两端,加到晶体管 B、E 间的。所以,改变线圈抽头的位置,即改变 L_2 的大小,就可调节反馈电压的大小,电路便可起振。由此可得到振荡频率为

$$f_0 = \frac{1}{2\pi\sqrt{LC}} = \frac{1}{2\pi\sqrt{(L_1+L_2+2M)C}} \tag{5-3}$$

式中　M——两部分线圈之间的互感系数;

　　　L——谐振回路总电感。

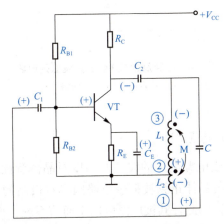

图 5-5　电感反馈式 LC 正弦波振荡电路

3. 电容反馈式正弦波振荡电路

(1)电路组成。图 5-6 所示为电容反馈式正弦波振荡电路。

放大及稳幅环节:共发射极放大电路。

反馈环节:电容 C_2 构成反馈电路。

选频网络:$L(C_1 /\!/ C_2)$ 构成选频网络。

(2)工作原理。电容 C_2 反馈信号的极性与晶体管 VT 基极的输入信号相位相同而形成正反馈,$f_0 \approx \frac{1}{2\pi\sqrt{LC}} = \frac{1}{2\pi\sqrt{L}}$ 数值选择合适,使其反馈电压高于基极原始扰动电压数值,即能满足振幅条件,于是电路能够起振。该电路的振荡频率为

$$f_0 \approx \frac{1}{2\pi\sqrt{LC}} = \frac{1}{2\pi\sqrt{L\dfrac{C_1 C_2}{C_1+C_2}}} \tag{5-4}$$

为了方便地调节频率和提高振荡频率的稳定性,可把图 5-6(a)中的选频网络变成图 5-6(b)所示形式,该选频网络的谐振频率为

$$f_0 = \frac{1}{2\pi\sqrt{L'C'}} \tag{5-5}$$

式中　$C' = C_1 /\!/ C_2 /\!/ C$。

注意:用瞬时极性法判断反馈类型时,电感反馈式、电容反馈式振荡电路中的选频网络的电容不能视为短路。

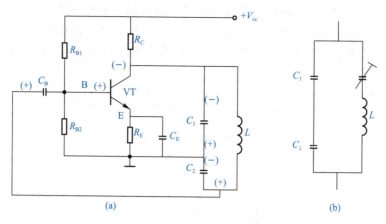

图 5-6 电容反馈式 LC 正弦波振荡电路

(a)原理图；(b)选频网络

5.2.3 石英晶体正弦波振荡电路

由于 LC、RC 振荡电路受电源电压的波动及温度对晶体管性能改变等因素的影响，所以使其振荡频率不稳定。石英晶体正弦波振荡电路因具有极高的频率稳定性，可使振荡频率的稳定度提高几个数量级，因此，其被广泛应用于通信系统、雷达、导航等电子设备。

1. 石英晶体的特性

石英晶体又称为石英谐振器，它是利用石英的"压电"特性而按特殊切割方式制成的一种电谐振器件。石英晶体具有性能稳定、品质因数高、体积小等优点。石英晶体的外形、结构和符号如图 5-7 所示。

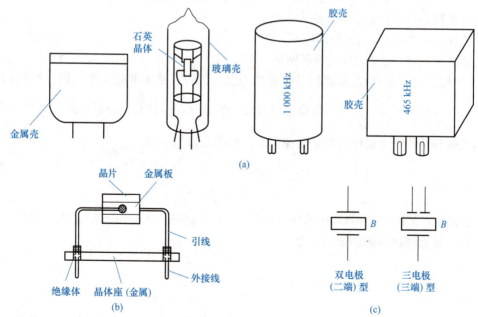

图 5-7 石英晶体外形、结构和符号

(a)外形；(b)结构；(c)符号

石英晶体一般有两个电极，但也有多电极式的封装。石英晶体按封装外形可分为金属壳、玻璃壳、胶壳和塑封等；按石英晶体的频率稳定度可分为普通型和高精度型。石英晶体被广泛应用于电视机、手机、手表、DVD 机等。尽管石英晶体的分类形式较多，但彼此间的性能差别不大，只要体积及性能参数基本一致，许多石英晶体都可以互换使用。

2. 石英晶体的主要参数

石英晶体的主要参数有标称频率、负载电容等。

(1)标称频率。在石英晶体成品上标有一个标称频率、当电路工作在这个标称频率时，其频率稳定度最高。这个标称频率通常是在成品出厂前，在石英晶体上并接一定的负载电容条件下测得的。

(2)负载电容。负载电容是指从晶振的插脚两端向振荡电路的方向看进去的等效电容，即指与晶振插脚两端相关联的集成电路内部及外围的全部有效电容之和。

3. 石英晶体的压电效应与压电振荡

当石英晶片两边加上电压时，晶片就会产生机械变形；反之，若在晶片的两侧施加机械压力时，则晶片会在相应的方向上产生电压，这种现象称为压电效应。如果在晶片的两极上加上交变电压，晶片就会产生机械振动，同时晶片的机械振动又会产生交变电场。在一般情况下，晶片机械振动的振幅较小，但当外加交变电压的频率和晶片的固有频率(决定于晶片的尺寸)相等时，机械振动的幅度将急剧增加，产生共振，这种现象称为压电振荡。这一特定频率就是石英晶体的固有频率，也称为谐振频率。

4. 石英晶体的等效电路

石英晶体的等效电路如图 5-8 所示。当晶体不振动时，可把它看成一个平板电容，称为静电电容 C_0，其大小与晶片的几何尺寸、电极面积有关，一般为几皮法到几十皮法。当晶体振荡时，机械振动的惯性可用电感 L 来等效。一般 L 的值为几十毫亨到几百毫亨。晶片的弹性可用电容 C 来等效，C 的值很小。晶片振动时，因摩擦而造成的损耗用 R 来等效，它的数值为几欧姆到几百欧姆。由于晶片的 L 很大，而 C 很小，R 也很小，因此，回路的选频特性很好。石英晶体的频率特性曲线如图 5-9 所示。

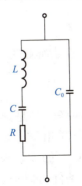

图 5-8 石英晶体的等效电路

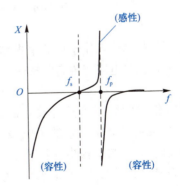

图 5-9 石英晶体的频率特性曲线

(1)当 L、C、R 支路产生串联谐振时，该支路呈纯阻性，即 $X=0$，谐振频率为

$$f_s = \frac{1}{2\pi\sqrt{LC}}$$

(2)当 $f<f_s$ 时，C_0 和 C 的电抗较大，起主导作用，等效电路呈容性。

(3)$f>f_s$ 时，L、C、R 支路呈感性，将与 C_0 产生并联谐振，谐振频率为

$$f_P = \frac{1}{2\pi\sqrt{L\dfrac{CC_0}{C+C_0}}} = f_s\sqrt{1+\dfrac{C}{C_0}} \tag{5-6}$$

当 $C \ll C_0$ 时，有

$$f_P \approx f_s$$

(4)当 $f>f_P$ 时，电抗 X 主要取决于 C_0 大小，等效电路呈容性。

(5)只有在 $f_s<f<f_P$ 的狭小区域内，X 为正值，呈感性。

5. 石英晶体振荡电路的形式

石英晶体振荡电路的形式多种多样，但其基本电路只有两类：串联型石英晶体振荡器、并联型石英晶体振荡器。

(1)串联型石英晶体振荡器。串联型石英晶体振荡器如图 5-10 所示，晶体管 VT_1、VT_2 构成放大电路，R_P 和石英晶体构成正反馈及选频网络，只要电路参数选择得当，就可以满足幅度平衡条件。

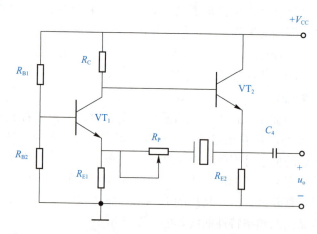

图 5-10　串联型石英晶体振荡器

工作原理：石英晶体工作于串联谐振状态，此时石英晶体呈纯阻性，用瞬时极性法判断电路为正反馈，此时电路产生自激振荡，振荡频率为

$$f_0 \approx f_s$$

VT_1、VT_2 组成两级直接耦合放大器，晶体既是反馈网络，又是选频网络，起双重作用。第一级为共基极电路，它的集电极电压与发射极电压同相位，而第二级是共集电极电路，其发射极电压与基极电压同相位。因此，VT_1 和 VT_2 的发射极电压同相位。当 $f=f_s$ 时，由石英晶体构成的反馈网络相移为零。幅度平衡条件可以通过调节电阻 R_P 来实现。

(2)并联型石英晶体振荡器。并联型石英晶体振荡器如图 5-11 所示。共发射极放大电路构成放大电路；电容 C_2 构成反馈电路；石英晶体呈感性，可把它等效为一个电感 L，L、C_1、C_2 构成选频网络；晶体管 VT 的非线性能够实现振荡电路输出电压的稳幅。

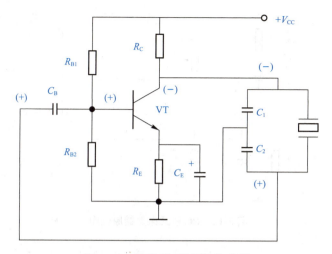

图 5-11 并联型石英晶体振荡器

工作原理：电容 C_2 反馈信号的相位与晶体管 VT 基极的输入信号相位相同而形成正反馈，C_2 数值选择合适，使其反馈电压高于基极原始扰动电压数值，即能满足振荡条件，于是电路能够起振。该电路的振荡频率为

$$f_0 = \frac{1}{2\pi\sqrt{L\dfrac{C_1 C_2}{C_1 + C_2}}} \tag{5-7}$$

任务实施

RC 桥式振荡电路

1. 目的

(1) 进一步学习 RC 正弦波振荡器的组成及其振荡条件。

(2) 学会测量、调试振荡器。

2. 设备与器件

二极管、万用表、+12 V 直流电源、函数信号发生器、双踪示波器、万用表、交流毫伏表、集成运算放大器 μA741、电阻、电容、二极管等。

3. 预习要求

复习教材中有关 LC 振荡器内容。

4. 内容及步骤

(1) 按图 5-12 接线，注意集成运放的接法。

(2) 将输出接到示波器的一个输入通道上，接通电源，调节 R_3，观察输出波形的变化。

(3) 将函数信号发生器接到示波器的另一个输入通道上，调节函数信号发生器的输入信号的幅度，使示波器上显示正方形，然后调节输入信号频率，观察示波器。

(4) 当示波器出现下列图形时(称为李沙育图形)，说明振荡器产生的信号和函数信号发生器输入的信号在频率上呈现一种比例关系，如图 5-13 所示。

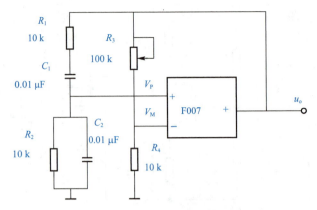

图 5-12　RC 桥式振荡器原理图

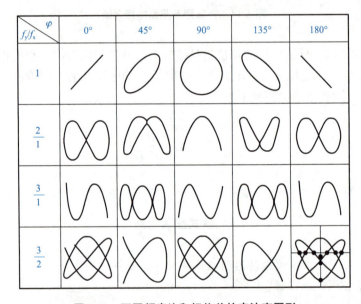

图 5-13　不同频率比和相位差的李沙育图形

注意："李沙育图形"即"李萨如图形"，就是将被测频率的信号和频率已知的标准信号分别加至示波器的 Y 轴输入端和 X 轴输入端，在示波器显示屏上将出现一个合成图形，这个图形就是李沙育图形。李沙育图形随两个输入信号的频率、相位、幅度不同，所呈现的波形也不同。当两个信号相位差为 90°时，合成图形为正椭圆，此时若两个信号的振幅相同，则合成图形为圆；当两个信号相位差为 0°时，合成图形为直线，此时若两个信号振幅相同，则合成图形为与 X 轴呈 45°的直线。

那么，只要根据图像的样子和函数信号发生器的输入信号频率，就能推出振荡器产生信号的频率了。

任务思考

负反馈对输出波形的影响有哪些？

项目小结

1. 产生正弦波振荡的条件包括幅度平衡条件和相位平衡条件。

2. 当振荡电路接通电源时,随着电流从零开始突然增大,电路中将产生噪声。此噪声频谱很宽,其中一种频率的信号能满足振荡的相位平衡。

3. 稳幅环节的作用就是使$|\dot{A}\dot{F}|>1$达到$|\dot{A}\dot{F}|=1$的稳定状态,使输出信号幅度稳定,且波形良好。

4. 正弦振荡电路由放大电路、反馈电路、选频网络和稳幅环节四个部分组成。一般情况下,对正弦波振荡电路的分析包含判断电路能否产生振荡、振荡电路的振荡频率等。

5. RC桥式正弦波振荡电路的组成、工作原理和振荡频率。

6. LC正弦波振荡电路的组成、工作原理和振荡频率。

7. 石英晶体正弦波振荡电路的组成、工作原理和振荡频率。

8. RC桥式振荡电路的装接与测试。

项目评价

评价项目	权重	考核内容	考核标准	分值	自评(25%)	互评(25%)	教师(50%)
学习态度	20%	出勤与纪律	旷课一次扣3分;迟到扣1分	10分			
		学习参与度	结合听讲、发言、讨论情况给分	10分			
理论+技能	60%	正弦波振荡的基础知识	1. 能正确掌握正弦波振荡电路的组成和分析方法	10分			
			2. 能正确安装简单的正弦波振荡电路,并会判断电路是否能起振	20分			
		常用正弦波振荡电路	1. 能掌握正弦波振荡器电路的组成及工作原理	10分			
			2. 能装接正弦波振荡电路并会测量及计算其振荡频率	20分			
项目报告	10%	实验报告	内容完整、格式标准、实验数据记录翔实准确	10分			
职业素养	10%		1. 注重文明、安全、规范操作; 2. 正确使用仪器设备; 3. 善于沟通协调,具有团队合作精神	10分			
总成绩							

一、填空

1. 正弦波振荡电路通常由_____、_____、_____和_____四部分组成。
2. 正弦波振荡电路的起振条件为_____。
3. RC 桥式正弦波振荡电路中，振荡的条件是_____和_____。
4. 在串联型石英晶体振荡电路中，晶体等效为_____；而在并联型石英晶体振荡电路中，晶体等效为_____。
5. 为了得到频率稳定度高的正弦波信号，应采用_____振荡电路。

二、选择

1. 根据相位平衡条件，判断图 5-14 中所示振荡电路中（　　）发生振荡。
   A. 可能　　　　B. 不能　　　　C. 无法确定

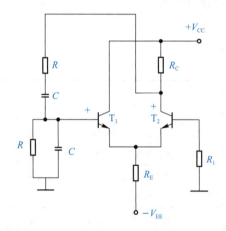

图 5-14　选择第 1 题图

2. 正弦波振荡电路利用正反馈产生振荡的相位平衡条件是（　　）。
   A. $2n\pi$，n 为整数　　　　B. $(2n+1)\pi$，n 为整数
   C. $n\pi/2$，n 为整数　　　　D. 不确定
3. 在桥式（文氏桥）RC 正弦波振荡电路中，（　　）。
   A. $\phi_A = -180^0$，$\phi_F = +180^0$
   B. $\phi_A = +180^0$，$\phi_F = +180^0$
   C. $\phi_A = 0^0$，$\phi_F = 0^0$
4. LC 正弦波振荡电路如图 5-15 所示，该电路（　　）。
   A. 由于无选频网络不能产生正弦波振荡
   B. 由于不满足相位平衡条件，不能产生正弦波振荡
   C. 满足振荡条件能产生正弦波振荡
   D. 由于放大器不能正常工作，不能产生正弦波振荡

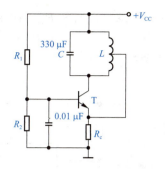

图 5-15　选择第 4 题图

5. 在 RC 桥式正弦波振荡电路中，当满足相位起振条件时，则其中电压放大电路的放大倍数必须满足（　　）才能起振。

A．$A_u = 1$　　　　　B．$A_u = 3$　　　　　C．$A_u < 3$　　　　　D．$A_u > 3$

6. 利用石英晶体的电抗频率特性构成的振荡器是（　　）。

A. $f = f_s$ 时，石英晶体呈感性，可构成串联型晶体振荡器

B. $f = f_s$ 时，石英晶体呈阻性，可构成串联型晶体振荡器

C. $f_s < f < f_p$ 时，石英晶体呈阻性，可构成串联型晶体振荡器

D. $f_s < f < f_p$ 时，石英晶体呈感性，可构成串联型晶体振荡器

三、判断

（　）1. 只要满足正弦波振荡的相位平衡条件，电路就一定振荡。

（　）2. 负反馈放大电路不可能产生自激振荡。

（　）3. 只要引入正反馈，电路就会产生正弦波振荡。

（　）4. 只要满足相位平衡条件，电路就会产生正弦波振荡。

（　）5. 电路只要满足 $|\dot{A}\dot{F}| = 1$，就一定会产生正弦波振荡。

（　）6. 电路产生自激振荡的条件是：幅度条件为 $|\dot{A}\dot{F}| = 1$，相位条件为 $arg|\dot{A}\dot{F}| = 2n\pi(n = 0,1,2,\cdots)$。

（　）7. 振荡器具有较稳定振荡的原因，是振荡系统中具有选频网络。

（　）8. RC 桥式振荡电路只要 $R_f \leq 2R_1$ 就能产生自激振荡。

四、计算分析

1. 试用相位平衡条件判断图 5-16 所示的两电路是否可能振荡？并求可振荡电路的振荡频率。

(a)：_____

(b)：_____

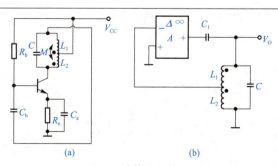

图 5-16　计算分析第 1 题图

2. 在图 5-17 所示文氏桥振荡电路中，已知 $R_1 = 10\ \text{k}\Omega$，R 和 C 的可调范围分别为 $1\ \text{k} \sim 100\ \text{k}\Omega$、$0.001 \sim 1\ \mu\text{F}$。

(1) 振荡频率的可调范围是多少？

(2) R_F 的下限值为多少？

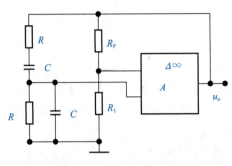

图 5-17　计算分析第 2 题图

参考文献

[1] 童诗白,华成英. 模拟电子技术基础[M]. 5版. 北京:高等教育出版社,2015.
[2] 王远. 模拟电子技术基础[M]. 3版. 北京:机械工业出版社,2017.
[3] 王济浩. 模拟电子技术基础[M]. 北京:清华大学出版社,2009.
[4] 姜俐侠. 模拟电子技术项目式教程[M]. 北京:机械工业出版社,2015.
[5] 张慧荣,王国贞. 模拟电子技术项目式教程[M]. 2版. 北京:机械工业出版社,2018.
[6] 王书杰,汤荣生. 模拟电子技术项目式教程[M]. 北京:机械工业出版社,2018.
[7] 赵殿礼,张春来,赵楠楠. 船舶电气设备与系统[M]. 2版. 大连:大连海事大学出版社,2017.
[8] 孙艳秋. 船舶信号与系统[M]. 2版. 北京:人民交通出版社,2001.
[9] 林叶春. 船舶电气及控制系统[M]. 2版. 上海:上海交通大学出版社,2015.
[10] 谢兰清. 电子应用技术项目教程[M]. 2版. 北京:电子工业出版社,2013.
[11] 熊伟林. 模拟电子技术基础及应用[M]. 北京:机械工业出版社,2010.
[12] 刘国巍. 模拟电子技术基础[M]. 长沙:国防科技大学出版社,2015.